구하는 자만이 살길이 있다.

하나님의
실체

- 1편 -

먼저 이 글을 쓰면서 정말 하나님을 찾는 사람들에게 영원한 생명이 되기를 기원한다.

많은 사람이 교회를 다니면 하나님과 무슨 관계가 있다고 생각하지만, 그것은 큰 오산이다. 필자도 오랜 기간 허비한 시간을 돌아보면 하나님을 만나기는 너무나 어려웠다. 무서운 결과는 자신은 아무 이상이 없으리라 생각한 것이 마지막 순간에는 다시 되돌릴 수 없다는 것이다. 그리고 자신이 선택한 것이 아니라 타인에 의한 선택이라도 돌이킬 수는 없는 것이다. 아무리 유명한 사람이나 책과 교육도 마찬가지다. 예수께서 말씀하시기를 "구하라, 찾으라, 두드려라." 이것은 '가까운 교회에 나가기만 하면 된다.'가 아니라는 것이다. "생명으로 인도하는 문은 좁고 그 길이 좁아 그것을 찾는 자가 적음이라(마 7)." "많은 자가 들어가기를 구하여도 능히 들어가지 못하리라(누 13)." 필자도 처음 구원이라는 타이틀을 걸고 이 말씀을 인용한 교회에서 정말 구원이 이루어진 줄 알고 또 확신했으나 시간이 지나 이 구원이 허구였음을 깨닫기는 많은 고난과 시간이 필요했다. 인간은 성경을 배우고 교회를 나가고 복음을 전하며 시간과 재물을 투자했어도 하나님과는 아무 상관이 없는 것이다. 물론 목사, 교수, 신학자도 마찬가지다. 이렇게 함부로 말할 수가 있을까? 이것은 오랜 시간과 고통의 세월에서 그리고 실체에서 당당한 것이다. 서로 인정해 주며 그룹으로 정해지는 종파는 더욱 힘으로 작용하겠지만 오히려 그곳에서 벗어나지 못하거나 구덩이에서 나오지 못하는 결과로 이어질 것이다.

어쨌든 모든 생은 자기 잘못이며 잘못 인도한 인도자는 가장 고통스러운 지옥을 면치 못할 것이다. 왜냐하면, 많은 사람이 지옥 자식을 만들었다면 그것은 하나님 앞에서는 가장 큰 죄인이기 때문이다.

우리는 창조자가 만든 지구에 살고 있으며 그 피조물이 살아갈 수 있는 환경과 여건이 조성되어 있다는 사실을 부인하면 안 된다. 물론 이 글을 읽는 분은 진리를 찾으려고 이 글을 보매 하나님의 존재와 만물을 인정하리라 본다. 그러나 그분은 신이시므로 보이지를 않는다. 즉, 영적인 존재라는 것이다. 우리에게 그 사실을 표현하는 방편으로 사물의 순환 과정이나 이치가 있을 뿐 아니라 성경이라는 기록을 옛 대언자를 통해 우리에게 보임으로 그 사실을 나 스스로 부인하지 못하며 우리가 알지 못하던 시절의 사실과 미래에 나타날 사건이나 계획을 알 수 있다. 여기서 한 가지 사건이나 과학적인 사실이나 기록의 사실은 누구나 인정하게 된다. 한 가지 노아의 방주 사건을 보면 온 세상이 물로 덮여 코로 숨을 쉬는 동물은 다 죽었으나 방주에 탔던 동물과 사람은 살아 새로운 역사가 시작되었다. 그러나 아직도 그 사실을 부인하며 지구의 역사를 무슨 풍화 작용이나 시간적 순환 방법을 통해 소모된 것으로 변형을 시켜 나이를 계산하는 것은 억지로 진실을 거부함으로 많은 사람을 동물적 생태로 몰고 가 하나님을 외면하게 된다. 지금도 그 방주가 터키의 아라라트산에서 발견되어 방문객이 늘고 있는데도, 하나님은 성경의 기록을 보아 달라며 통사정하시는 분이 아니다. 또한 이해를 시키려 사람들이 현 세상에서 충분히 알아듣도록 비교하며 설명하지 않고 사실을 사실로 기록할 뿐이다.

하나님의 뜻과 실체를 간단히 설명할 수 없음을 먼저 알아야한다. 세상에서 사용되는 방식으로 마치 학문이나 주장을 설명하듯 하는 것은 절대 금물이다. 이것을 학문화를 해서 신학이라고 교육하는 것은 불가하다. 그 논리는 세상 방식이다. 하나님에 대해서 공부한다는 것은 절대 있을 수가 없다. 우리는 세속적인 학술이나 과학, 정치, 경제, 사회, 의학 등등 이 세상에서 필요한 것은 연구하고 주장하고 증명하여 새로운 경지로 나아갈 수 있다. 그러나 하나님의 세계로 진입하려면 하나님의 영이 필요하다. 세상의 영은 서로 거부하며 충돌이 일어나는 것으로 결론에 도달하지 못한다. 그러므로 성경이 필요하다. 그리고 그 사실을 인정해 가며 우리의 마음을 돌이키는 것이며 또한 이분은 원하지 않는 사람은 절대 거부하신다.

첫째, 자신이 주님과의 관계가 이상이 없다고 생각하는 사람은 전혀 만날 수가 없다. 장님은 보이지를 않으므로 주님을 만나면 주를 부르며 눈을 뜨게 해 달라고 부르짖는데 이것은 정말 안보이기 때문이다.

귀머거리는 들리지 않기 때문에 말을 못 하는 것이다. 들리면들리는 대로 그 말을 하는 것이다. 따라서 잘 보이고 잘 들린다는 사람은 절대로 보거나 들리게 하시지 않는다. 즉, 어딘가 아픈환자는 의사가 필요한 것이다. 건강한 사람은 고침이 필요 없으므로 곁눈질이나 구경을 하면서 하나님이 직접 치유하시지 않는다. 이 사실은 필자가 오랜 경험으로 깨달음에 도달한 것이다.

또한, 진주를 절대 개나 돼지에게 주지 않는 것처럼 먹고 배부른 것을 지향하는 사람이나 물어뜯으려 하는 자는 이야기조차 할 필요가 없다. 우리는 원하든 원치 않든 하나님의 세계는 다가오고 있다.

(하나님의 실존)

하나님의 실존을 요구하는 사람이 있다. 그러나 모르기 때문에 하는 말이며 그분을 보는 순간 즉사할 것이다. 사람의 생각으로 판단한 결과이다. 그분은 완전하시며 빛에 속하시므로 죄인은 대하실 수 없다. 그래서 과거 이스라엘 민족이 그분을 보기를 원했으나 스스로 무서움과 두려움으로 강력하게 거부한 것이다. 다시 말하면, 거룩하고 밝고 빛나는 다른 세계가 있는 것이다. 추가적으로 설명을 요구한다면 우선 우주를 생각해 보라. 아무것이나 저절로 생겼다는 결론은 대꾸할 가치가 없다. 또한, 자연 생태와 시간과 공간과 힘, 스피드, 암수, 번식의 욕구, 먹이 사슬, 본능적 행동, 도저히 인간으로는 이해할 수 없는 구조와 분석을 이루 말할 수가 없는 능력과 아이큐로는 표현할 수가 없다. 과학자나 생물학자나 물리학자나 천문학자가 인정하는 것은 부인할 수 없기 때문이다. 그분은 불능이란 없으며 인간에게 영원히 살 수 있는 길을 열어 주신다는 것이다. 인간의 두려움은 죽음의 공포이다. 그 후의 또 다른 세계를 논하면 두렵지 않을 수가 없다. 그런데 그 두려움마저 놓아 주신다는 것이다.

추가한다면 성경 기록을 통하여 인간에게 보여 주는 것이다. 이 기록을 공개적, 객관적으로 조사해 보면 되는 것이다.

또 이스라엘은 하나님이 인간의 샘플로 먼저 선택을 하여 인간의 삶을 통해 하나님과 접촉을 해서 명령과 실행으로 복을 주거나 화를 주어 돌아오게 함으로써 그것은 역사의 사실로 확인할 수 있으며 우리가 알지 못하는 역사적 사실도 알 수 있다. 지구의 대륙이 원래는 한 덩어리였으나 갈라지고 떨어져 나가 지금의 오대양 육대주가 된 것이며, 그때 무리를 지어 살던 동물이나 식물이 나누어진 것이다. 이 사실이 밝혀진 지는 백 년이 안 된 것으로 안다.

이 기록을 보면 마지막 전쟁에서 핵과 수소탄의 위력으로 피폐해지는 지구의 상태와 예수 그리스도의 재림과 천년왕국과 새로운 세상, 영원한 세상에서 하나님과 함께 사는 계획까지 기록되어 있다. 이미 알고 있는 사람도 있을 것이다. 그러나 하나님의 실존을 의심하면 더 이상 아무 의미가 없음을 다시 강조한다.

(인간)

인간은 본래 하나님이 자신의 파트너로 영원히 같이 살려고 만드신 것이다.

그러나 에덴동산에서 사탄을 선택함으로써 우리는 세상을 보는 눈이 밝아진 것이다.

이것은 한마디로 죽음을 의미한다. 어떤 이는 하나님이 계시면서 어떻게 저런 악한 인간을 그냥 두냐며 원망하기도 한다. 어린아이의 처참한 사고, 북한의 실상, 무서운 질병, 가혹한 자연재해로 많은 인명의 죽음. 이런 것들을 보며 신은 죽었고 없다고 한다.

그러나 실상은 하나님과의 연결이 안 된 상태다. 하나님은 절대로 자기 자식을 외면하거나 버리지 않으신다. "네 부모가 너를 버려도 나는 너를 버리지 않으며 눈동자같이 지키신다."라고 말씀하셨다. 우리를 살리며 보호하실 이유가 있는 것이다. 고로 세상에 일어나는 신앙인의 사고나 죽음이나 범죄는 당연히 하나님의 보호가 없는 것이다. 많은 사람이 달리 해석하는 것을 우리는 거부한다. 이것을 회복시키는 것이 하나님의 사랑이다. 그 이상의 사랑은 아무 의미가 없는 것이다. 또 이것을 다시 찾기 위해 예수님이 사람의 몸을 입고 오신 것이다. 그분이 몸소 사랑을 표현하여 "기독교는 사랑이다."라고 사랑의 열차를 이어가는 종교가 있다. 사랑이라는 표현이 현 세상에서 유용하게 쓰이는 현실로 바꾸어 놓고, 봉사하고, 거룩하고, 착하고 등등 미소와 엄숙함이 발현되는 방향으로 이끌어 가는 것이 정말 예수님의 실체일까? 하나님은 먼저 자신의 형상을 한 사람을 되찾아 오고 죄로 인한 멸망의 운명을 하나님과 같은 영의 주체로 상속함으로써 후손이 되어 영원히 같이 살려는 목적이 있다. 그러나 그분은 완전하시며 빛에 거하시는 거룩한 분이라 죄와 더러움으로 얼룩진 우리와는 동행이 불가하다. 우리는 에덴동산에서 우리의 주인을 사탄이라는 천사를 택함으로써 주권이 사탄에게 있다. 여기서 주권이란 주인이며 아버지며 남편이며 왕인 것이다. 이것을 강압적으로 되돌리면 그것은 공의에 어긋나는 것이다. 또한 우리는 우물 안의 개구리처럼 보이는 세상에서 보이고 들리는 대로 판단하고 결정을 함으로써 정의를 세웠던 것이다. 그것은 하나님을 벗어난 세상으로, 육천 년 이상을 이어져 왔다. 또한, 많은 사람이 다수를 내세워 소수를 희생시키는 결과는 이 세상에서는 용납 가능한 것이나 하나님은 공의는 다수라는 편향을 허락하지 않으신다. 결국, 이 세상에서 다수로 몰리는 현상은 하나님과 상관이 없는 것이다. 그러나 많은 사람이 몰리는 것은 무엇인가. 이 세상에서 보기에 좋은 것이 있었을 것이다. 즉, 본능적으로 하나님을 찾아간 일면이 있다. 하나님은 세상사와는 반대인 경우가 너무나 많다. 먼저 예수님은 사람으로 오셨으나 우리와 같은 사람임에도 그 내면은 다르다. 그 이유는 우리를 돌아오게 할 방법이기 때문이다. 먼저 사람의 씨로 태어나면 사탄의 후손이므로 이 세상 사람으로 살아가면서 그 안에 하나님의 영이 존재하지 않음으로 하나님과 소통이 불가하고 죄에 머무를 수밖에 없는 것이다. 또한 대속죄를 치를 흠이 없는 하늘의 양이 안 되는 것이다. 처녀가 잉태하여 성령으로 태어남을 이해하겠는가? 그분의 세상에서 하나님을 섬기는 신자들과 부딪치는 것은 하나님과의 소통이 없다는 증거이다. 오늘날 수많은 신자의 세계도 마찬가지다. 많은 사람이 모이면 그것이 진짜라고 생각이 들지 않겠는가? 그 속에 하나님이 가르쳐서 결정을 했다면 숫자는 많지가 않다는 것이다. 가나안에 육십만 명에서 몇 명 들어갔는가? 두 명뿐이다. 이것은 무엇을 말하는가? 오늘날에도 아주 적은 수가 들어가는 것이다. "구하라, 찾으라, 두드려라."라는 말은 사실인 것이다. 실체는 사실이다. 실체가 없는 것은 다 허구일 뿐이다. 구약 성경을 보면 이집트를 탈출하고 성막을 짓고 제사를 지내고 절기를 만들고 우상을 숭배하고 흥하기도 망하기도 함은 한마디로 하나님과의 소통이 안 된 결과인 것이다. 무엇이 하나님을 경배하는지를 인간은 모르는 것이다. 정성을 다하고 무엇인가 이루어 놓고 많은 숫자를 만들고 보이는 것을 실행하면 잘 믿는 것이 아니다. 이것은 한마디로 우상 숭배이며 사탄이 이루어 놓은 결과이며 하나님이 요구하시는 길과는 거리가 멀다. 결국, 주님은 "나는 너를 모른다."이다. 이것을 해결하기 위해 오신 예수님이 절대로 필요한 것이다. 예수님을 거부한 유대인은 그분을 종교적 신앙 상태가 다른 사람으로 본 것이 오늘날의 현실이다. 우리 이방인도 그분을 하나님의 아들로 받아들이면 되는 것이 아니다. 이스라엘은 아직도 받아들이지 않고 우리는 받아들이는 것으로 끝난다면, 하나님의 계획과 뜻을 모르는 것이다. 또한, 그분이 우리 죄를 영원히 사함으로 희생되신 분으로서 감사로 천국의 문을 열어 놓았다고 하는 종교가 대부분이다.

　여기서 우리는 무서운 사실을 놓치면 안 된다. 하나님이 성경이라는 기록을 왜 명령하셨을까? 먼저 기록에 쓰인 대로 이루어짐은 하나님은 변개치 않으시며 시작과 끝을 미리 말씀하시며 또한 성경대로 이루어짐과 그 성경 또한 자신이 직접 풀어 주시려 한 것이다. 이분이 다시 모든 현실을 정상으로 되돌리려 하신 계획을 우리는 복음이라 한다. 그 시작이 예수님의 출현이다. 사람으로 태어나시고 그분을 통해 이루어질 것은 죄 문제를 해결하고 그분의 영을 우리에게 주려 하시는 것이다. 죄 문제란 평생을 죄를 짓다가 지옥으로 보내는 것은 그만한 이유가 있다. 지옥이란 사탄이라는 천사를 지옥에 넣으려 한 것이다. 예수님을 통해서 벗어나는 길을 외면한 것과 사탄과 동조함으로써 그를 섬긴 것이기 때문이라 할 수 있다. 즉 다른 신을 섬긴 것이다.

여기서 나는 우상 숭배를 안 했다는 변명은 세상에서 보는 관점과는 다르다. 하나님은 자신과 연결되지 않은 인간은 사탄과의 사귐인 것이다. 이 문제를 회복시키는 것을 한마디로 회개라 한다. 물론 다른 문제의 회개도 있으나 광야에서 세례 요한이 "회개하라!" 외침은 믿는 사람을 보고 돌아오라는 것이다. 즉, 하나님께 아직 안 돌아왔다는 것이다. 그러나 그들은 어이가 없는 것이다. 오랫동안 섬기고 있는 신자를 보고 돌아오라고 하면 어처구니가 없는 것이다. 지금도 똑같은 상황이다. 잘못 아는 것은 이스라엘 사람은, 즉 유대인은 예수를 거부한 것으로 인식하면 안 되는 것이다. 하나님은 이스라엘이라는 민족을 택하셔서 시작을 하시며 마지막 끝을 내신다. 그중에 특이 사항은 이 민족은 다른 민족과 연합이 불가하다. 즉, 결혼이나 생활 방식이 다르다. 보이는 이스라엘이 하나님의 명령을 거부할 시에는 엄청난 대가를 치루고 긍휼을 베푸실 때는 은혜를 베푸신다. 그러나 그것은 보이는 유대인은 보이지 않는 유대인, 즉 이스라엘로 바뀜으로 온 세상을 자신의 이스라엘로 만드시는 것이다(롬 9). 이것을 달리 해석하는 자는 아직 모르는 것이다. 그동안 죄를 달리 해석하는 오류가 온 세상을 거의 덮고 있다. 이스라엘 사람도 그럼으로써 자신들이 알고 있는 죄를 사함을 받는 제사만 지내면 되는 것으로 알고 있듯 지금의 교회도 예수님의 십자가의 대속으로 죄를 용서받음으로 천국으로 가는 것은 유대인과 같은 것이다. 이스라엘에게 지키게 하는 십계명과 도덕과 민법, 상법, 형법, 모든 명령을 지키게 함으로써 그리고 그들은 그 시행을 함으로써 자부심과 상위에 이르는 신앙으로 지배한 것이다. 그러나 지금에 와서 성령이 오신 후에 그 이유를 알 수가 있는 것이다.

그래서 인간은 실상 하나님과는 벽이 가로막힌 것과 같다. 아무리 하나님을 사랑한다고 외친들 대답이 없는 메아리다. 그래도 계속 주인을 부르면 사탄이 광명의 천사로 나타남으로써 이상한 소리를 시작한다. 오히려 큰소리를 치며 자신에게 주님이 명령을 한다고 자부심을 갖고 더 이상 다른 사람의 말을 안 듣는다. 가정도 직장도 현실 세계에서 멀어진다. 필자의 경험으로는 순수하며 착한 심성의 소유자가 돌변하는 상황을 많이 보아 왔다.

그만큼 하나님을 만나는 것은 자기의 정성과 사랑으로 이루어지는 것이 아니다.

온 세상은 이 방법이 유효하나 하나님의 세상은 전혀 불가능한 것이다.

지금은 그 기준을 성경 기록을 통해 하나님을 만날 수 있는 것이다.

마틴 루서 킹이 사람을 통해 만나는 것이 아니며 성경 기록을 통해 만남을 주장하다 종교 개혁이 시작된 것이다. 본인이 성경을 열심히 보면 되는 것이 아닌 것이 문제다.

이것을 성경 자구를 따라가다 멸망에 이른다고 하는 것이다.

즉, 글자를 따라가는 것이 이 세상의 이치다. 그러나 성경은 보이면 보이는 대로 풀리는 것이다. 그러다 보면 종파도 생기고 성경 기록을 가지고 달리 해석해서 분쟁이 일어남으로 성경 기록에 다툼은 해 봐야 시간 낭비일 것이다. 그리고 결국에는 잘 안 풀리는 것은 아무나 보는 것이 아니며 하나님이 풀어 줄 때까지 기다려야 한다는 등 다르게 모면하는 것이다.

일례로 예수님은 유대인과 이야기할 때도 자주 성경 기록을 말씀하시며 모르는 부분을 지적하셨고 부활 후에도 성경을 풀어 가르치신 것은 오늘날 성령의 가르침이 사실인 것이다.

그러나 모두가 성령이 계시다고 주장을 하므로 일반 신자는 분별할 수가 없다. 또한, 그 분쟁 역시 가치가 없다. 목마르고 보이지 않고 들리지 않는다는 찾는 자, 즉 통해하는 영의 소유자가 스스로 찾을 때 가능한 것이다. 나는 몰라서 못 찾았다는 변명은 소용이 없다.

하나님은 하루를 천년같이 천년을 하루같이 기다리신 것이다.

결국, 이 글은 두드리고 구하고 찾는 자에게 필요한 것이다.

내가 하나님의 실체를 말하면 되는 것이 아닌 것이다. 세상 영이 가로막고 부정하고 그 하나님의 말씀이 머무를 곳이 없는 것이다. 결론은 인간은 하나님과의 실체는 일어날 수가 없는 것이다. 아무리 공부하고 연구하고 성경 공부라는 시간으로 총력을 기울여도 불가능한 것이다(롬 10). 선포자가 없이 어찌 들으리요. 복음이란 바울 사도가 선포한 예수 그리스도의 이야기인 것이다. 그 이야기를 가감 없이 빠짐없이 모조리 표현하는 것이다. 그 일은 보이지 않으면 불가능한 것이다. 이것이 '복음을 전한다.'고 하는 것이다. 이 복음을 듣느냐 안 듣느냐에 운명이 갈리는 것이다. 더욱 고려할 것은 깨달음이 있어야 한다. 말씀을 듣고 그것을 깨닫지 못할 때에는 저 사악한 자가 와서 그의 마음속에 뿌려진 것을 채어 가나니……. 듣고 즉시 기쁨으로 받아들이나 속에 뿌리가 없어 실족하거나……. 깨닫고 열매를 맺는 것이니(마 13~).

자! 이 정도 이야기가 나오면 그냥 교회에 다니고 열심히 공부하면 되는 것과는 거리가 멀다. 또한 이렇게 나열을 했는데 무슨 대학이나 논문이나 유학이 이어진단 말인가? 그렇게 깨닫지를 못해 여러 해를 공부한다는 것은 성경과 맞지를 않는 것이다. 그래도 연구를 많이 한 분이 낫지 않겠느냐는 생각은 역시 지구상의 논리이고 하나님은 오히려 순수한 자를 찾으신다. 제자들을 보라. 그들은 세상 학문과는 아무 관련이 없다. 바울 사도는 높은 학문이 그를 괴롭혀 그는 자기 상식을 분토로 여겼다. 늘 그는 괴롭고 죄송한 것이 예수님이 직접 택한 사람인 것이다. 자! 여기서 결론은 하나님 앞에서 어린아이가 되지 못하면 불가능하며 눈이 보이고 잘 안다는 사람은 이 책을 본들 아무 소용이 없는 것이다. 이 글을 쓰는 본인의 오랜 경험이며 말씀에 적힌 그대로이며 확실한 것이다. 복음을 통하여 구원을 받고 아! 자기가 잘못 안 것을 깨닫지 못하면, 즉 회개하지 못하면 그야말로 헛고생이며 열매는 절대 열리지 않는 것이다. 그 열매란 세상에서 보이는 그런 열매가 아니다. 보이지 않는 영적 열매이다. 물론 세상에서는 아무 흠이 없다. 하나님이 계획하시고 알아주시는 기쁨을 드리는 열매인 것이다. 제발 다시 강조하지만 하나님과의 연결은 순간적이다. 나중에 내가 아무리 애를 써도 이미 물거품이다. 수없이 경험한 후의 사실이다. 절대 간단한 것이 아니다. 아마도 그래서 숫자가 적은 것이다. 나 자신도 복음이 전파되면 일반 교회처럼 부흥되며 숫자가 늘어날 것으로 생각하였으나 서서히 드러나는 거짓 형제를 알 수가 있다. 씨가 떨어지면 싹이 나오는 당연한 이치가 있는데 나오지 않는 것을 보고 얼마나 괴롭고 힘이 들었는지 모른다. 많은 숫자는 절대 불가능하다. 소돔과 고모라 성에 의인 5인이 없었던 것이다. 그나마 롯의 가족도 같이 나오다가 돌아보는 사태와 농담으로 인해 겨우 3인이 나온 것이다. 지금으로 평한다면 한 고을이나 한 도시에서 세 사람만 구원을 받았다는 것이다. 이 예를 이스라엘 민족이 가나안에 2명 들어간 것이나 노아의 방주에 8명 구원처럼 절대 등한히 넘겨서는 안 되는 것이다. 마지막 순간에 휴거(하나님이 환난을 피해 주는 사건)를 기다린다면 과연 그 수는 얼마나 될까?

예수님이 말씀하시기를 부름을 받은 자는 많으나 선정된 자는 적은 것이며(마 20:16) 먼저 된 자가 마지막이며 마지막 된 자가 처음일 수도 있다. 열매는 삼 년에서 사 년이 걸린다(누 13). 열매가 없으면 베어 버리신다. 하나님은 우리의 운명을 살리기 위해 창세전에 이미 계획을 세우셨다. 그리하여 구약 시대부터 우리가 얼마나 쇠약한가를 가르쳐 왔다. 그 원인은 우리는 주님이 이끌어 주지 않으면 아무것도 이룰 수 없으며 하늘나라, 즉 주님의 영원한 생명을 가지고 하나님과 함께 살 수가 없는 것이다. 현재 아담의 후손으로는 불가능한 것을 알고 그것을 회복하기 위해 준비를 하신 것이 바로 예수 그리스도이다. 우선 사람으로 태어나 같이 생활하며 이 지구에서 해결해야 할 문제를 해결하기 위해 오신 것이며, 그분에 관해 하신 일이 바로 복음이라는 것이다. 결국 이 복음이 얼마나 정확하고 거룩하며 공의에 벗어나지 않는 확실함과 하나님이 왜 그리 하셨는지를 알고 깨달아 자신에게 베푸신 은혜를 받아들임으로써 우리가 그분과 대화하며 그분이 이 땅에서 지켜 주시는 것이다. 다른 지식적인 말씀을 아무리 나열하여도 순간의 감동이며 말씀을 배우고 받아들여도 그것은 순간에서 사라지며 하나님과는 연결이 되지 않는 것이다. 그리하여 가장 중요한 것은 죽은 생명을 살리는 것이 급선무다.

하나님과의 연결이 죄 사함을 받으면 해결이라고 하는 많은 종교가 넘치고 있다. 그것을 받아들이면 그 사람은 멸망이다. 그리고 절대 벗어날 수가 없다. 거기에다 예수님 피를 표현하며 거룩한 피에 무엇을 보태면 저주를 받는다고 하면 모두 숙연해지며 더 이상 말을 못하기에 이른다. 더욱이 중요한 것은 죄를 이 세상에서 통용되는 죄로 이해시키면 우리의 받아들임은 당연하다. 유대인도 이해를 못해 그게 무슨 죄냐며 예수님을 반박한 것이다. 우리 또한 들어 보지도 못한 죄를 이해하기가 어려운 것이다. 그러나 하나님은 심각한 영적 전쟁이다. 우리 또한 우물 안의 개구리처럼 보이는 시야를 말함은 인정이 되지만 어이가 없을 수도 있다. 어찌하든 내가 다시 태어나야만 하는 거듭남이 필요하다. 거듭남이란 무슨 오랜 경륜으로 태어나는 것이 아니고 복음에 기록된 말씀을 따라 예수님을 따라가는 것이다. 그분은 지금 승천하셨으나 그분의 말씀, 즉 기록이 남아 있으므로 그 말씀을 유산의 기록처럼 시행을 하는 것이다. "우리는 주 앞에서 먹고 마셨으며 주께서는 우리의 거리에서 가르치셨나이다(누 13:26)."

"불법을 행하는 자들아, 너희는 다 내게서 떠나가라 하리라." 이 글을 이해한다면 다행이나 하나님의 말씀은 한 줄도 틀림이 없어야 한다. 그분은 절대 흘러가는 듯이 허튼 말이 없으시며 그 뜻이 일맥상통함이 있는 것이다. 먼저 주 앞이라는 말은 주 뒤가

있는 것이다. 절대로 주 앞으로 나가면 안 되는 것이며 따라다
니는 길에서 주님이 가르치시지 않는다. 즉, 교회를 세우고 복음
을 전하고 많은 하나님의 일을 했다 할지라도 하나님과는 상관
이 없는 것이다. 이 성경 기록을 인용하여 복음이라는 전도 집회
를 통해 가르치면 많은 사람이 그대로 믿는 것이다. 필자도 그렇
게 믿어 거의 삼십 년을 속아 허송세월을 보낸 바가 있다. 차차
복음의 빛이 들어가면 밝혀 질 것이다. 보통 종파 교회와 다툼을
하는 사람이 있으며 따로 교회를 차려 잘못을 지적하고 서로 사
탄이라는 오명으로 전쟁을 벌이는 교회도 있다. 일반 종파 교회
를 잘못된 교리로 가르치며 성경 구절의 해석으로 지적하는 교
회도 있으나 그 내용을 보면 그저 회개 운동일 뿐 그 이상의 완
성이 없다. 참으로 참빛을 찾기가 어렵다. 여기서 필자가 아무리
지적해도 그 일은 가치가 없는 것이다. 모든 자신의 운명은 주님
이 본인에게 가르치실 때 인정되는 실체인 것이다.

(거듭남)
아담이 많은 아들을 배출했으나 아벨과 가인만 하나님과 이
어진다. 아벨은 죽었으나 하나님은 죽은 것을 우리가 보기에는
끝이나 영은 죽지 않음으로 상관이 없으시다. 즉, 죽은 것이 아니
다. 셋이 태어나 그 후손에서 에녹이 나옴으로 우리에게 표상으
로 나타내심이다.
그 후, 아브라함은 사라를 통해서는 후손이 없으나 후손을 보
기 불가능한 나이에 이삭을 낳았는데 여종을 통해서 후손을 보

았고, 하나님의 거부하심은 오직 하나님을 통해서 태어남을 인정하시는 것이다. 그 후, 이삭의 후손도 에서와 야곱 쌍둥이가 태어났으나, 하나님이 인정하심은 야곱이다. 여기서 우리는 왜 이렇게 후손을 잇기가 힘들며, 왜 오직 하나님의 인정이 필요할 때까지 가다려야 할까? 그리고 하나님을 통해서 태어나지 않으면 하나님과는 관련이 없다는 것이다. 야곱을 통해서 12아들이 태어났으나 라헬은 요셉과 베냐민만 낳았다. 요셉은 미움으로 고통 속에 살았으며 베냐민은 막내이다. 자! 여기서 다시 하나님은 이스라엘을 12지파로 정하시고 마지막 12지파가 하나님과 영생을 누릴 것이다. 단, 지파는 제외되었다. 그럼 모두 인정 했더라도 예외가 있으며 하나님은 새로운 때를 준비하신다. 모든 사람을 받아들이는 시기와 방법이 다른 것이다. 지금도 먼저 하나님을 통해서 다시 태어나야만 하고 제외될 수도 있고 태어나도 하나님이 인정할 때까지는 어렵다는 것이다. 그것은 아무나 하나님을 따른다 해서 인정되는 것이 아니란 것이다. 꼭 하나님과 예수님을 통해서만이 가능한 것이다. 그럼 그 이외에는 다른 예수, 다른 코스라는 것이다. 다른 예수, 다른 영, 다른 복음인 것이다 (고후 11:3~4). 그리고 간교함이란 비슷하다는 것이다. 전혀 다르면 그것을 누가 그리스도교라고 하겠는가? 성경도 눈이 열려야 보이게 하심이며 귀도 들려야 그 음성을 듣지 않겠는가? 그러므로 우리는 기록을 통해서 다시 예수님과 같이 갔던 제자들처럼 그분의 말을 들으며 가 보아야 한다. 먼저 제자들은 그분이 살아서 말씀하실 때는 전혀 그 뜻을 모른 것이다. 베드로는 세 번 이나 부인한 것처럼. 부활과 승천 이후 성령이 오신 후에 그분의 뜻과 계획을 아는 것이다. 점점 그분을 아는 것은 오직 영이신 그분이 열어 주심으로 알게 되고 모든 가치관과 목적과 하나님의 사람으로 그분이 만드시며 완성 후에 우리를 분리시켜 데려가는 것이다.

우선 복음을 받아드릴 마음의 문이 열려 있는가? 순수하고 통해하며 기다림의 준비가 필요하다. 다 끝난 후, 아무런 감각이 없다면 그는 말씀을 통한 순간의 깨달음이 없어 새가 쪼아 먹은 것이며 돌아오기가 거의 어렵다. 오랜 신앙생활로 익숙하면 유대인과 세례 요한이 부르짖을 때처럼 광야로 나가지 않은 것이다. 잘 생각해 보라. 복음을 전하려면 시장이나 회당이나 사람이 모인 곳에서 소리쳐야 하는 게 아니가? "씨 뿌리지 않은 땅 광야에서는 너희가 나를 따르지 않았다(렘 2~)."에서 광야는 씨가 없다는 것이다. 본인이 씨가 없다고 생각하지 않으면 광야를 가지 않는다는 것이다. 즉, 내 안에 예수 그리스도의 씨, 성영이 없다고 인정하기 전에는 절대 불가능하다. 더 이상 이 책을 보는 것은 의미가 없고 오히려 반박하며 거부로 하나님의 적이 된다. 거부하는 죄로 더욱 죄를 짓게 된다.

새 생명의 장자가 먼저 태어난 장자를 거부 하는 것이다.

(죄 사함)

하나님과 연합을 하려면 먼저 죄 문제를 해결해야 한다. 우리는 태어나서부터 죄를 대하게 된다. 여기서의 언급은 하나님을 떠난 상태를 말한다. 우리는 모조리 죄를 가지고 태어났다고 하는 원죄를 말하는 것이 아니다. 그것은 교회에서 만들어 낸 말이다. 어린아이처럼 순진하고 맑은 상태에서는 경우가 다르다. 창세기에 보면 "아담과 하와가 벌거벗었으나 부끄러워하지 아니하더라. 그런데 사탄이라는 천사가 유혹하므로 금단의 열매를 먹은 후에는 무화과나무 잎으로 앞치마를 만들어 가리더라. 아담을 부르시매 벌거벗었으므로 두려워 숨었나이다. 그분께서 네가 벌거벗은 것을 누가 네게 알려 주었느냐(창 3)." 이것을 보면 자신이 벌거벗으면 보입니까, 안 보입니까? 이렇게 말할 수 있으나 나체가 좋은 것이라고 하는 말입니까?

인간이 자신에 의해서 시작되는 정의와 자신을 위한 판단 결정의 시작인데 하나님은 누가 가르친다는 것입니다. 그럼 인간 역사의 시작은 땅의 주관자가 있다는 것이다. 이것이 하나님은 세상신의 인도라는 것이다. 이해하기가 어려운 것은 지극히 정상적인 게 하나님과는 상관이 없다는 것이며 그것이 죄라는 것이다. 온 세상의 기준은 많은 수가 인정하면 옳다는 것, 즉 다수결이라는 정의도 마찬가지이다. "너는 다수를 따라서 기우는 말을 하지 말라(출 23:2)."그래서 하나님은 숫자와는 상관이 없으시다.

또한 우리의 말과 행위도 다른 것이다. 소리를 내는 생물은 그 뜻이 있는데 인간처럼 표현이 다양하지는 못하다. 그리고 그들은 삶에 필요한 것과 감정을 낼 뿐이지 더 이상은 존재하지 않는데 인간은 다르다. 글은 인간이 만들었으나 언어는 인간이 만든 것이 아니다. 바벨탑 사건 이후로 언어가 하나였으나 하나님이 언어를 다르게 하므로 언어가 통하는 사람끼리 민족이 나뉜 것이다. 그리고 말하는 것도 그 순서가 있다. 먼저 영이 나에게, 영에게 그 영이, 나의 혼에게 혼이, 말이나 행동으로 이어져 가는 것이다. 그것도 인간이 찾아낼 수는 없는 것이다. 성경 기록을 통해서 알 수가 있으며 나의 변화를 주목해 보면 알 수가 있다. 하나님과 연관 관계가 이루어진 이후에 발견하게 된다. 그것조차도 알려 주셔야 보이는 것이다. 즉, 보이는 것도 다르다는 것이다. 세상에서는 죄를 세상의 기준으로 평가하나 하나님의 기준은 다르다. 거짓말, 욕설, 속임, 살인, 도둑질, 강도, 사기 등 여러 가지 사회적으로 반하는 일과는 다르다. 얼마든지 자신을 성찰과 수도로 세상과 어울리지 않는 사람도 많다. 무엇인가 인간사에 얽힌 철학을 다루는 사람도 많다. 그리하여 높게 평가하는 것이다. 하나님은 다르다. 그래서 하나님은 한민족 샘플이라 할까? 한민족을 택하여 시작을 하신 것이 바로 이스라엘 사람이다. 실상 우리를 택하지 않은 것이 천만다행이다.

그러나 그들도 인간이기는 마찬가지다. 다만 그들을 택하시고, 그들에게 혜택이란 좋은 머리를 주고, 인간이 하나님의 의도와 뜻과 법을 얼마나 지킬 수 있는지를 보신 것이다.

예수님을 인간의 형태로 보냈으나 세상의 똑똑한 사람이 그분을 못 알아본 것은 그 기준을 세상 상식이나 관찰로 본 것이다. "그 에게는 모양도 없고 우아함도 없으며 우리가 그를 볼 때에 흠모할 만한 아름다움이 없도다(사 53)." "용모나 키를 보지 말라. 주는 사람이 보는 것처럼 보지 아니 하나니. 사람은 겉모습을 보나 나 주는 마음을 보느니라(삼상 16:7)." "하나님께서는 사람을 외모로 취하지 아니 하시기 때문 이라(롬 2:11)." 여기서 우리는 사실 세상을 살면서 거의 습관적으로 물건을 사는 경우 외형이 좋은 것을 취하기 마련이다. 소위 "보기 좋은 것이 맛도 좋다."라는 속설도 있다. 사진에 거룩해 보이는 예수님은 실상이 아니다. 그럼 제자들은 외모를 소홀히 하였을까? 그분을 대하고 성령이 오신 후에 그 영에 충실했기에 가치 없는 것에 매달리지 않은 것이다. 현실도 종교적으로 훌륭한 인품과 학벌과 전통과 외모를 무시할 수 없는 것은 역시 인간의 소통 하는 방식이다. 그러나 내 안의 주인이 명령을 할 때는 나도 모르게 외형적 중시가 사라진다. 공부와 연구를 많이 할수록 그는 주가 직접 가르치는 실체가 없었으므로 하는 수 없이 책과 교단의 형식인 학력을 벗어날 수가 없는 것이다. 세상 모든 학문을 세상에 발표된 논문과 연구 실험의 과학적 사실을 거부하고서 스스로 터득할 수는 없는 것이다. 말을 잘못하거나 배움에 실력이 없는 목사나 교수에게 배우지는 않는 것이다. 그럼 왜? 왜 하나님은 직접 가르치는 것일까? 한 점 먼지 같은 존재의 인간이 우주 만물을 창조하신 분에게 무엇인가? 표현이 불가한 것이다. 따라서 하나님의 학문은 없는 것이다. 그 창안과 노력은 가상하나 역시 허락하지 않은 사실이다.

이스라엘이 예수님을 거부한 것은 그 기준이 자신들이 알고 있던 행위와 종교 의식이 예수님은 아니라는 거부에서 비롯된 것이다. 지금도 영이신 예수님을 못 만나면 역시 행위로 가는 것이다. "영이 없는 몸이 죽은 것 같이 행위 없는 믿음도 죽은 것이니라(약 2:26)."는 영이 없는 행위는 죽은 것이라는 것이다. 이런 것조차도 모두 죄에 속한다. 이스라엘은 전 세계를 다스린다는 사실을 아는가? 예수님의 거부로 전 세계로 흩어지는 수난을 겪고 약 육백만 명이 학살당하는 수모를 자신들이 원했던 사실을 아는가? 빌라도는 그분의 십자가에 죄를 찾지 못하고 자신들의 종교적 적대감으로 미워하고 통치권이 없으므로 로마의 집정관에게 죽음을 요청한 것이다. "그 책임을 우리와 우리 자손에게 돌릴지어다(마 27:25)." 빌라도는 다수의 외침과 자신의 자리에 연연함으로 허락한 것이다. 그 후, 비참한 생으로 이어진 그들의 실상은 오늘날 지나간 실상이었다. 그러나 1948년 제2차 세계 대전의 종식으로 나라를 선포함으로써 없어져 버린 나라가 생기는 기현상이 벌어진 것이다. 그러나 성경 기록은 그들이 돌아와 다시 세울 것을 하나님이 허락한 것이다. 그러나 아직은 다 돌아온 것은 아니다. 전 세계에 걸쳐 그들은 금융, 정치, 경제, 과학, 의학, 예술 등 각 분야에 자리 잡고 있다. 미국과 영국은 특히 절대적 지지를 한다. 그들을 무시할 수 없는 것이다. 그들이 막강해지면 다음은 무엇일까? 막강이라는 위치는 위협일 수도 있고 도전의 위치에 처해질 수도 있겠다.

어쨌든 이스라엘은 지구상 마지막 전쟁에 핵으로 마무리할 것이 성경에 기록되어 있다.

무서운 사실은 성경 기록은 한 줄이라도 틀리거나 진실이 아니라면 하나님의 말씀이 아니며 인간사의 시작과 끝이 적혀 있으므로 우리는 소망이 있는 것이다. 그런데 이스라엘에게 대속죄라는 제사가 있는데, 즉 사람이 죄를 지으면 죄의 값은 글자 그대로 멸망이다. 하나님에게 갈 수가 없이 쓰레기로 불구덩이에서 죽지 않는 채로 고통을 맛보게 되어 있다. 인간은 자기 형상대로 영적 존재이므로 죽지 않는 상태로 살아가는 것이다. 물론 세상신, 즉 사탄이라는 천사와 함께 말이다. 사탄의 종으로 그를 따라 살았기 때문이다. 사람들은 자신이 교회를 다니고 남에게 해하는 일을 하지 않았다고 생각하면 큰 오산이다. 사탄이라는 영은 바보가 아니다. 그는 하나님을 대적하는 자고, 무슨 애니메이션의 악을 행하는 자가 아니다. 즉, 모르면 망하는 것이다. 하나님이 하루를 천년같이 천년을 하루같이 기다리신 것은 아무도 멸망치 않고 돌아오기를 기다리신 것이다. 마지막 문이 닫히는 순간은 아무 할 말이 없는 것이다. 그래도 하나님은 살 길을 열어 주신 것이 이스라엘을 통해서 양이나 염소, 송아지 등 짐승을 대신 죽여 그 죗값을 처리하신 것이다. 그러나 죄를 짓고 대속 제사를 계속하면 나중에는 죄의식이 없는 것이다. 무디어지고 인간은 죄인으로 살아갈 수밖에 없다는 결론을 낸다. 심지어는 예수님이 대속 죄인으로 죗값을 영원한 속죄로 해 준 것이 고맙고 하나님이 알아서 해 준 것이라는 어마어마한 교리를 퍼뜨려 많은 사람이 공감하고 고맙게 여겨 큰 무리를 이루는 교회가 생긴다. 잘못하면 회개하고 참으로 잘못을 인정하면 다시는 그렇게 행하지 말라며 격려까지 하는 어처구니없는 행동을 하고 하나님과 예수님을 기만하고 무시한다. 그러나 실상은 이 문제를 피할 길이 없으므로 그 길을 가는 것이다. 대부분의 교회는 처음에는 서로 이단이라는 둥 하면서 차별화를 주장하나 결국은 서로 인정하며 같은 길을 가는 것이다. 그럼 하나님은 불가능한 일을 어떻게 무죄의 삶으로 이끄실까?

먼저 예수님을 보라. 그분은 이스라엘의 치리자들과 대립이 있었고 그래서 다른 것이다. 온 유대인이 공감하고 지켜 온 것을 예수님이 부정하시므로 그들은 예수님을 극도로 미워하며 격해진 것이다. 지금도 똑같은 것이다. 도저히 불가능하며 오랜 경륜으로 지켜온 신앙을 누가 감히 무너뜨릴 것인가. 설사 괴롭거나 마음이 허락지 않아도 갈 곳이 없는 것이다. 결국 스스로 은둔하여 지하로 모여도 결국은 도로 그 길을 갈 수밖에는 없는 것이다. 모두 예수를 부름으로 분별하기 어려우며 혼자서 찾기는 더욱 어렵다. 심지어 구원의 확신을 전도하면 하나님이 받아 준 것이라며 더욱 열심히 하기 마련이다. 사고가 났을 때도 죽지 않은 것이 구원의 확신이라고도 한다. 그러나 죽거나 심한 병으로 생을 마감하면 하나님이 미리 데려간 것이라고도 한다. 확신을 모르면 더듬더듬 이 말씀이나 저 말씀을 갖다가 붙이는 것이다. 온 교회가 대부분 십자가의 은혜와 피를 찬송 하나 계시록에 보면 피를 조사한다고 나와 있다.

피만 부르짖으면 다 같은 복음과 다 같은 예수와 다 같은 영이 아니다. 예수님의 은혜는 죄 사함과 성령의 상속이시다. 그분의 영이 내 안에 들어오면서 시작인 것이다. 즉, 그 생명에 씨를 받는 것이다. 죄 사함은 쉽게 복음으로 전할 수 있으나 영의 상속은 그 복음을 받은 자가 아니면 전달이 불가능하다. 그것은 가르침이나 연구로 되는 것이 아니므로 성경에서 전하기에는 눈이 열려야만 하므로 학벌이나 교육으로 되는 것이 아니고 그냥 그 말씀을 믿는다고 외쳐도 불가능한 것이다. 오직 그분이 말씀과 내 영을 깨닫게 하시므로 그 말씀을 마치 살아 있는 발걸음과 동행으로 사실화하여 실체를 이루는 것이다. 더욱이 필자의 경험으로는 자신이 이상이 없다고 하는 사람은 불가능하다. 두 주인이 내재할 수는 없는 것이다. 그럼으로 그 사람은 그 주인을 섬김으로 인해 멸망으로 가는 것이다. 크게 그림을 그려 보면 정확한 죄가 무엇이며 그 죄는 어디서 오며 특히 본인이 우상 숭배를 했다는 것을 정확히 인지해야 한다. 즉, 다른 신을 모시고 살았다는 것을 정확히 실토하고 자신이 속아서 살았다는 것을 알고 주님이 내 안에 안 계셨다는 것을 알기 전에는 죄 사함이 전혀 다른 것이다. 다음 성령, 즉 그분의 영이 내 안에 들어오는 상속의 말씀을 받아야 한다. 마치 유언장을 받는 사람이 그 내용을 자세히 아는 것은 그 유언장을 읽은 본인의 것으로 인정이 되는 것과 같다. 유언장을 받지 않은 사람은 그저 그런 말이 있다고 하며 정확한 내용을 모르는 것이다. 하나님은 자신의 영이 있는 자를 자식과 아들이라 하며 그때부터 기르기 시작하는 것이다. 인간은 태어나서 사는 날까지 지구상에서 배우며 방향을 정하며 삶의 방식과 서로 인정해 주는 결론으로 공유하고 있다. 그러므로 모두 그 길을 갈 때 전혀 모르는 길을 갈 리가 없다. 남을 사랑하고 베풀고 감싸 주고 모든 사람에게 공경을 받는 삶이 그리스도인의 길이라면 누가 그를 욕하겠는가? 그리고 늘 예수님의 이름으로 사용하면 다들 정말 귀한 분으로 여기지 않겠는가? 그러나 주님이 "나는 네가 어디서 왔는지 모르노라(누 13)." 할 때에는 그는 다른 예수인 것이다. 더욱이 많은 사람이 인정하면 거기서 벗어날 수가 없는 것이다. 따라서 여기서 그 상속된 영은 실지로 영원히 살 수 있는 삶으로, 하나님은 원래의 목적이 자신을 닮은 형상을 가진 우리와 함께 거하며 살고 싶은 목적이 있는 것이다. 소위 말하자면 천국의 삶을 말한다.

나중에 스스로 알게 되겠지만 인간은 형태는 영과 혼과 몸으로 구성되어 있어 먼저 영에게, 내 영이 혼에게 그리고 몸에게 영향을 주어 말하고 행동을 하는 것이다.

따라서 내 영을 누가 주관하느냐에 결과가 달라진다. 이것은 예수님이 제자들에게 가르쳐 주신 것이다. 무엇보다 중한 것은 복음을 듣고 그 후에 어떻게 주님의 음성에 순종하느냐가 관건이다.

먼저 성경 기록이 사실로 믿어져야 한다. 억지로 믿고 있는 것이 아니고 아! 모든 것이 사실로 온 세상의 시작과 현재와 미래에 일어날 일도 자연스럽게 믿어져야 한다. 그럼 인류 역사의 시작이 에덴동산인데 전혀 알지도 못한 세상을 이해하기가 힘들 것이다.

우선 무에서 유를 창조하는 것은 가히 불가함으로 인식되어 왔다. 그러나 하나님은 스스로가 빛이신 분이다. 그 빛은 보이는 형태도 있고 보이지 않는 형태도 있다. 어둠의 반대는 빛이며 그 어둠은 밝은 양심의 빛도 있고 어둠의 양심도 있듯이 모든 상황은 두 가지로 갈리는 것이다. 우선 빛은 광자로 분류할 수 있으며 거기에 에너지와 공간과 스피드가 가해지면 어떤 형태가 나오는 것은 현대 과학으로는 거부할 수 없다. 태양은 꺼지지 않고 열과 빛과 속력과 자기 중력으로 가면서 도는 상태이다. 특히 우주 과학자는 불신자라도 신이 있으며 그 진리는 측량하기 어렵다고 한다. 성경의 기록엔 우리가 먼지라고 한다. 먼지가 창조의 실태를 논하기는 어렵다. 땅은 형태가 없고 비어 있으며(창 1:2) 땅이라는 것이 있는데 비어 있는 것은 알겠는데 형태가 없다면 가스 상태가 아닐까 상상된다. 우리가 타 행성의 사진을 보면 비행접시 모양으로 가스가 있다는 실체를 알 수가 있다. 지구 속에서 불이 화산처럼 폭발하는 활화산이 아직도 남아 있고 석유가 나오고 하는 것을 보면 감이 온다. 나무가 썩어 석유가 나온다는 것은 추측일 뿐이다. 다음으로 하나님은 영원 속에 계시므로 우리와 같이 시간의 개념이 다르다. 성경에는 일일을 일 년이라 하고 천 년을 하루라고 표현하는데 그것은 우리와 다른 것이다. 그리고 땅은 원래 한 덩어리였다. 그것이 갈라진 것은 중학생 이상이면 다 아는 사실이다. 그리고 에덴동산이라는 동산 밖에서 아담을 만들어 에덴으로 인도하시고 거기에는 숨은 표현이 있다. 우리도 밖에서 만들어 안으로 인도하시는 것이다. 또한, 잘못 알고 있는 것은 아담과 하와가 가인과 아벨만 낳은 것이 아니다. "아담이 셋을 낳은 후 생은 800년이었으며 그가 아들딸들을 낳았더라(창 5:4)." 수명이 930년인 것은 우리가 인정하기 어렵다. 그러나 당시의 환경은 지금과 다르다. 먼저 비가 없으며 물도 다르고 기후가 아열대성이며 지면에서 수증기가 나온 것은 글자 그대로 H_2O 수증기이며 전혀 오염이 없는 상태이다. 물론 식생활도 다른 것이다. 병이 없고 바이러스나 어떤 균체도 없다면 이해할 수가 있다. 지금도 남극에는 감기가 없다고 한다. 아담이라는 이름으로 시작은 하나님이 선정하여 인간과의 역사를 기록하게 하시는 것이며 하나님의 선정된 사람만이 관계가 이루어지는 것이다. 지금도 역시 마찬가지다. 오해할 소지는 "사람을 처음부터 정했다는 것인가?" 이것은 복음으로 듣고 하나님께 돌아오는 사람으로 선정한다는 것이다. 다시 말하면 인 맞은 자를 말한다.

그리고 인 맞은 자는 결국 그분과 같은 성분이라 할 수 있다. 그래야만 그분과 소통이 되며 가족 관계이다. 자기 유산을 아무에게나 넘겨주는 자는 없으며 아무나 같이 살 수는 없는 것처럼 하나님은 같은 목적과 공감이 되는 정의가 있어야 우주를 통치할 수 있을 것이다. 잘 이해가 안 되지만 차후 설명이 나올 것이다.

구약 시대란 하나님이 직접 대하는 방법의 시작이, 신약 시대는 기록하라고 명령하신 이후에 기록을 통하여 그분을 만날 수 있도록 하신 것이라 볼 수 있다. 대언자라는 사람을 통해서 성경 기록과 법과 명령을 지시하셨다면 지금은 대언자들이 완성한 것을 우리가 따라가서 완성을 한다고 볼 수 있다. 루터의 개혁이란 사람을 통해 명령과 지시를 받는 것이 아니라 기록을 통해서 하나님을 만난다는 것이다. 그럼으로 아직도 사람과 하나님 사이의 중간 역할이 사람이 아니라는 것이며 절대로 사람을 신뢰하는 시대가 아니라는 것이다. 따라서 중간 역할의 치리자는 없는 것이다. 누구나 성경 기록과 성령의 인도를 통해 하나님의 사람으로 변화를 시키는 것이다. 그것의 중심은 하나님이 성경 기록과 성령을 직접 지시하시므로, 즉 눈과 귀를 여심으로 가능한 것이다. 사대 복음서에 장님이나 벙어리, 가난한 자, 아버지 없는 자, 과부, 앉은뱅이라는 표현은 하나님 없는 자를 말한다. "눈먼 자가 시력을 다리 저는 자가 걸으며 나병 환자가 청결해지며 귀 먹은 자가 들으며 죽은 자가 일으켜 세워지며 가난한 자들에게 복음이 선포된다 하라(마 11)." 이것은 예수님이 해 주시겠다는 말씀이다. 무엇이든지 현실에서 통용되는 해석은 맞지 않는다. 즉, 보이는 대로 생각이 나는 대로는 하나님과 거리가 멀다.

그래서 믿는다는 사람들의 대표로 유대인을 목이 뻣뻣하고 눈이 멀고 귀가 멀고 다리를 절고 나병 환자이며 죽은 자라는 것이다. 즉, 사람은 누구나 같은 상태라는 것이다. 다만 유대인을 통해서 사람과 하나님의 실체를 보여 주는 것이다. 결론은 결국 하나님과 연결이 급선무이다. 현실은 사람과 하나님은 떨어져 있다는 것이다. 장벽이 가로막혀 있는 것을 제거해야만 소통되며 보이며 들리며 지혜와 명철과 은혜와 평강이 이루어지고 하나님의 사람으로 키우시는 것이다. 이것을 복된 소리, 즉 복음이라는 것이며 예수 그리스도에 대해 말하는 것이다. 왜냐하면 예수님이 그 일을 하신 것이기 때문이다. 이 복음은 거룩한 성경 기록들에 미리 약속하신 것으로 예수 그리스도 우리 주에 관한 것이라(롬 1:3).

그것은 여러 방면으로 창세기부터 보여 주시려고 시작해 그 목적이 있는 것이다. 먼저 우리 사이에 장막을 걷어 내는 죄 문제와 그 죄를 인도하는 세상 영과 죽음을 두려워하는 사람과 우리를 주관하여 이끌어 갈 성령을 직접 내주를 시킴으로 하늘나라의 구성체를 형성하여 영원 속으로 같이 살 하나님의 목적과 계획이 있는 것이다. 그래서 예수님이 "구하라, 찾으라, 두드려라."라고 하는 것이다. 아무 교회나 입맛에 맞는 모임을 다니는 것이 아니다.

"많은 자들이 들어가기를 구하여도 못하는 자가 많으리라(눅 13:24)." 설사 이 구절을 사용하는 복음이라도 대부분이 아닌 것이다. 필자가 무려 이십여 년을 허송세월한 것이 그 증거다.

중심은 '복음을 알고 있다.'에서 복음을 기록대로 따라간 것과는 다른 것이다. 다시 말하면 유서의 내용대로 따라갔더니 유품이 발견되어 만져 보고 열어 보니 그대로 내가 갖게 되다와 기록을 알고 있다는 실체를 얻은 것이 아니다. 실체가 없이 그 내용만 이야기하면 살아 있는 존재가 아닌 그림일 뿐인 것이다. 그래서 소위 받은 것을 말하라 하면 일반적으로 공용되는 글귀만 나열하고 그 글로 충돌이 일어나는 것이다. 또 받는 것은 사람을 구별하는 것이 아니며 누구나 가능한 것이지 특정인만 가능한 것이 아니다.

많이 공부를 했다거나 인품이나 품행이나 질적인 차이가 없는 것이다. 그래서 하나님은 외모를 보지 않는 것이다. 이미 받은 사람에게 더욱 공부하여 얻으라 하면 어처구니가 없다. 만일 어느 신자가 이미 저는 받아서 지금 사용하고 있는데, 훌륭하신 목사가 내가 가르쳐 주겠다고 하면 어처구니가 없고 그 모양과 실체를 잘 알고 있는데 어떤 때는 맞고 어떤 때는 틀린 책이나 공부한 내용을 말하면 가지고 있는 사람은 자기 것과 비교하지 않겠는가?

이렇게 허구와 실체는 드러나는 것이다. 주님이 아무도 가르칠 필요가 없다는 것이다. 주님이 그 내용과 실사용해서 얻는 목적과 계획을 알려 주는 것은 가진 자에게만 하는 것이다.

온 세상에 다른 방법은 없다. 이 길뿐이므로 비슷한 길은 같은 길이 아니다.

결론은 유언장을 읽고 그대로 시행해 보자는 것이다. 그 유언장이 바로 성경 기록을 하게 하신 하나님의 글이며 바로 성경인 것이다. 따라서 그 내용을 잘 알아듣게 고치거나 다른 표현으로 바꾸어 놓으면 안 되는 것이다. 모르면 모르는 대로 그대로 두면 그 내용을 하나님이 적당한 때에 가르쳐 주는 것이다. 실제 예를 보면 "아담이 자기 아내와 동침하여 가인을 낳고는 동침이 아니라 아담이 그 아내를 알매(창 4)"이다. "나 여호와는 마음과 심장을 살피는도다(시 7)."가 아니라 "나 여호와는 마음과 속 중심을 살피는도다."이다. "우리 속에 마음이 뜨겁더라(행 2)."는 "활동이 격하더라(눅 24)." 이렇게 고침으로 인해 많은 사람이 거짓으로 유혹되어 전혀 다른 길로 가는 것이다. 여기서 올바르게 고쳤다 하더라도 역시 모르기는 매한가지다. 결국 성경의 글자를 번역한 상태는 현행 사전으로 썼으므로 그 글자로 연구하면 안 되는 길로 가기 마련이다. 여기서 다른 눈도 떠질 수 있다. 오늘날 많은 종교와 파벌은 여기서 출발된 것이므로 서로 달리 보이는 구절로 서로 충돌하며 다른 길로 가는 것이다. 어린아이가 유언장을 받았을 때 그 글을 다 알지 못하는 것처럼 성장하면서 그 유업을 받아들이면 되는 것이다.

물론 그 아이는 아들로 태어난 상속자라는 증거가 확실하여야 할 것이다. 먼저 알아야 할 것은 우리라는 지구상에 태어난 인간은 상속자가 아닌 것이다. 우리는 세상 영의 상속자이다. 즉, 신분이 다르다. 따라서 세상 것은 세상 방법으로 공부하고 연구하여 창조를 이어 나가는 것이나. 그러나 하나님의 영에 의해 하나님의 것을 가르침을 받은 적은 없는 것이다. 그러니 공연한 고집으로 공부하고 연구하며 성취하려는 생각은 그를 더욱 고단수의 방법으로 파멸하며 남을 구렁이로 몰고 가는 하나님의 대적과 다른 사람을 지옥이라는 쓰레기 호수로 내모는 대역죄인으로 남을 것이다. 이미 안 것을 버리는 대회개운동을 벌인 세례 요한이 그 예이다. 그는 이미 하나님에 대해 잘 알고 순종이나 예배나 그 행위를 잘 익혀 온 경험자들, 즉 인정을 받고 대우를 받는 자들 앞에 나타나 회개하라고 광야에서 외치는 것이다. 그의 행색은 초라하기 짝이 없는 것이다(마 3). 그리고 거룩해 보이는 장소가 아닌 광야에서 소리를 외친 것이다. 그는 구약에 이미 약속된 사람이다. 전도를 하는데 사람이 많거나 공개적이거나 집 같은 그런 공간에서 하지 누가 광야에서 한단 말인가? 여기에 숨은 뜻이 있는 것이다. 광야란 그런 보이는 광야가 아닌 것이다. 광야는 무엇인가 황량한 곳이다. 웅장한 것이 없고 방향이 잘 보이지 않고 가도 가도 끝이 없고 물이 없어 식물이 자라지 않으며 쉴 곳이 없는 곳이다. 이스라엘 민족은 40년을 광야로 돌았을까? 결국 지금에 와서 밝혀진 사실은 같은 장소를 돌았던 것이다. 예레미야 2장에서는 "광야는 씨가 없는 곳이다."라고 한다. 이것은 여러분과 나의 그동안의 신앙 상태를 말하며 씨 없는 것은 내 안에 주님이 안 계시는 것이다. 유언의 상속자가 아닌 자가 그 흉내를 낸들 아들이 될 수 없는 것처럼 말이다. 그것은 이 사실을 인정하면 즉시 광야로 가야 하는 것이다(막 3: 예수님도 광야에서 그에게 침례를 받으시며 의를 성취하라, 눅 7: 바리새인들과 율법사들은 받지 않으므로 자기들의 향한 하나님에 계획을 거절하더라). 대단한 신앙의 치리자는 거절하면 시작부터 빗나가는 것이다. 죄인들과 천한 백성은 따르기 시작하는데 자기들은 광야에 있는 상태이므로 그곳을 가는데 스스로 안주하는 자는 갈 리가 없다. 목자나 장로나 교수나 박사가 가겠는가? 침례는 의식이 아닌 것이다. 물속에 들어갔다가 물 위로 나온 것의 의미는 '나는 죽었다가 살아나겠습니다.'이다. 그것은 의미로 끝나는 것이 아니고 실체 사항이 일어나야 하는 것입니다. 많은 사람이 그 의식 행위를 안 받으면 찜찜하니 받아야 된다는 권고와 신앙상의 규정으로 신앙에 맹세처럼 받아들이면 이미 그는 벗어난 길에 있으며 하나님과의 실체는 없는 것이다. 가르치는 자와 함께 둘 다 구덩이에 빠지는 것이다.

(십계명)
하나님이 인간을 위해 만든 최초의 법안이라 할 수 있다.
그 내용을 보면,

1조. 내 앞에 다른 신을 두지 말라.
이스라엘 민족은 이집트로부터 출애굽하여 해방된 민족인데 누가 감히 다른 신을 둔단 말인가? 그런데 이 상황에서 다른 신을 앞에 둔다는 사실이 있기 때문에 미리 아시는 분이 내세우신 것이다.

2조. 너를 위해 어떤 형상도 만들지 말라.
인간이 살아가는 데 자신을 위해 만드는 것은 안 된다는 것이다. 그러면 신자는 하나님께 무엇인가 원하는 것을 빌면 안 된다는 것이다.

3조. 절하거나 섬기지 말라, 나 곧 주이자 네 하나님은 질투의 하나님이니라.

절은 머리 숙여 꿇어 표현하며 내가 잘되기를 빌면 질투의 하나님이라는 것이다.

4조. 하나님의 이름을 헛되이 부르지 말라.

믿는 자는 당연히 하나님을 부르기 마련인데 헛되이는 무엇일까?

하나님과 관련되지 않은 것으로 부르기 때문일 것이다.

5조. 안식일을 거룩히 지키라.

6일은 일하고 일곱 번째 날은 아무것도 하지 마라인데 왜 지키라 하셨을까? 그 이유를 알겠는가?

6조. 아버지와 어머니를 공경하라.

이 계명은 육의 부모가 있으며 영의 부모가 있는 것을 아는가?

7조. 살인하지 말라.

미움이 살인과 연계되는 것을 아는가?

8조. 간음하지 말라.

간음이 육체의 간음과 영의 간음이 있는 걸 아는가?

9조. 도둑질하지 말라.

자기 것이 아닌 것을 갖지 말라는 뜻인데 보이지 않는 하나님의 것을 도둑질하는 대언자들이 온 세상에 들끓고 있다는 사실을 아는가?

10조. 탐내지 말라.

자기 소유가 아닌 남의 소유를 탐내는 것은 강탈을 말함이 아니라, 이 세상에서 살아가는 수단이 다른 것이다.

결국 하나님의 십계명 법은 모두 영적인 문제다. 여기서 주목할 것은 다른 신의 출현이다. 이것을 모르면 자신이 다른 신을 섬기면서 모르는 것이다. 많은 사람이 자신은 미신이나 토속적인 섬김을 한 적이 없다고 하나, 인간은 한 사람도 빠짐없이 다른 신을 섬기고 있다는 것을 알면 큰 발전이다. 또한 위의 내용은 결국 다른 신에서 출발하여 멸망으로 가는 것이다. 보라. 하나님은 자기 형상으로 만든 인간이 다른 신에게 절하고 그가 요구하는 죄를 지으면서 하나님도 부른다면 참으로 기가 막힐 노릇이 아닌가?

이 십계명을 정확히 안다면 그는 거듭난 사람이라 할 수 있다. 그리고 눈이 열렸다고 볼 수도 있다. 또한, 그 길을 가지 않는 것이다. 구덩이로 들어갈 사람은 없을 것이다.

또한, 멸망의 길을 보여 주신 것이라 할 수 있다. 그리고 죄라는 인간의 방벽이 생기는 것이다. 지키지 못하는 법을 다 아시며 벌을 주셔서 이스라엘은 본보기로 멸망한 것이다.

우리도 성경을 통해 보므로 우리 차례다. 이 기로에서 살아나는 것을 구원이라 한다.

(인간의 구성)

먼저 인간이 어떻게 구성되었는지 알아볼 필요가 있다. 과거 역사나 현존하는 물체를 가지고 추측하는 방법을 진화설이라는 학설이나 과학이라는 논문으로 주장하다 보면 수백 년이 걸려도 판명되지 않을 것이다. 하나님이 기록하라고 하신 성경으로 그 내용을 알 수 있다. 여기서 그 내용의 내적인 것을 다루어 보자. 동식물과 달리 인간은 영적 존재이다. 그러므로 외적인 존재는 썩을지라도 내적인 영은 다른 것이다.

창세기 1장을 보면 인간을 하나님 자신을 닮은 형상으로 지음은 영적으로 지었다는 것이다. 이 실체는 내적으로는 영이 있고 혼이라는 내가 있고 외적으로는 육체로 구성되어 있다는 것이다. 그리고 우리가 말하고 행함이란 먼저 내 영에게 주어지고 혼으로 이어지고 다음으로 말하고 행위로 나타난다는 것이다.

이로써 이것이 선과 악으로 결정이 나는 것이다. 에덴동산이라는 곳은 지금에 중동 지방이다. 그 지역에는 4개의 강이 흘렀는데 비손, 기혼, 힛데겔, 유프라테스강이라 한다. 아직도 유프라테스강은 존재하고 있다. 투시되는 지하에 네 개의 강이 흐른 흔적이 발견되므로 역사적 실체는 검증된 바 있다. 그런데 하나님은 이 안에서 선택권을 주시었다.

인간 스스로 삶의 방식을 택하라는 것이다. 즉, 자유 의지를 준 것이다. 여기에서 '사탄이라는 천사를 택할 것인가? 아니면 하나님을 택할 것인가?'이다. 하나님은 로봇을 원하지 않으신다. 그러나 인간은 세상 영이라는 천사를 선택함으로 역사는 시작된 것이라 볼 수 있다. 그대로 연장은 인간의 파멸이며 하나님의 계획은 틀어지는 것이다. 생각해 보라. 자신을 위해 만든 인간이 다른 영적인 것을 택하면 하나님의 진노가 나지 않겠는가?

이 회복하는 계획으로 예수님이 오신 것이다. 이 분은 몸은 인간에 육체를 가지셨으나 내적으로는 태생이 다르다. 먼저 태어나려면 인간의 몸이 필요하고 사람의 씨는 죄인이라는 상태이므로 구원에는 문제가 있다. 여기서 죄인이란? 선택이 세상 영의 주관하에 의한 삶으로 세상 방식이다. 그 내용은 우리 살아가면서 세상살이에 유용한 방식이 죄인으로 나오는 형태다. 거짓과 미움과 온갖 형태의 세상에서의 죄인을 말한다. 그 평가의 기준은 하늘에 있으므로 세상의 논리나 잣대로는 아니므로 단 한 번의 죄도 하나님에게는 용납이 안 되므로 이미 하나님은 벽이라는 형태로 하나님을 떠나므로 서로 원수지간이다.

그러나 하나님은 다시 되돌릴 방법으로 짐승을 희생양으로 잡아 대신 죽여 그 죄를 사함으로 대면하는 방법이었다. 그 인류를 다 상대함이 아니고 이스라엘이라는 민족을 샘플로 삼으신 것이다. 그러나 시간이 흐르면서 처음에는 대신 죽은 양이나 염소나 송아지의 피로 양심이 작용하여 죄악을 감했을지라도 차츰 형식화하므로 죄의식이 없는 것이다.

결국 하나님은 그 제사를 거부하신 것이다. 또한 내적으로 세상 영이 주권자이며 주인이므로 자기가 아무리 자신을 지키려 해도 불가한 것이다. 그 권한은 죽지 않으면 벗어 날 길이 없다. 그것을 예수님은 우리를 보고 마귀 자식이라 일러 주신 것이다. 이 지적을 감정적이나 모욕으로 받으면 그 내용이 지나가고 미움으로 가면 유대 민족으로 가는 것이다.

(인간의 형태)

하나님이 보시기에 우리는 장님이요, 귀머거리요, 다리를 저는 자요, 아버지 없는 자요, 남편이 없고, 문둥병자요, 감옥에 있는 자요, 왕이 없는 자요, 구덩이에 빠진 자요, 주인을 잃은 양이요, 죽은 자요, 먼지와 같은 존재다. 장님이란 앞이 안 보이므로 앞을 보고 가지를 못 해 더듬대며 만져 보나 부분적으로 알고 갈 길을 몰라 어두움에 있는 자이며 귀머거리는 주의 음성이 들리지 않아 세상 영의 음성으로 살아간다.

다리를 절면 바로 서지를 못해 바른길을 가지 못한다.

아버지가 없으므로 이어지는 상속과 혈육 관계가 안 된다.

과부는 맞잡고 가며 보완해 주는 존재가 없다.

문둥이는 몸에 상처가 나도 감각이 없이 온몸에 퍼지는 상처로 죽어 간다.

사탄의 감옥에 갇혀 평생을 나올 수 없는 죄수의 몸이다.

왕이 없고 사탄이 이끄는 나라로 요구는 세상에서 잘살게 이끌어 주기를 바라며 자기가 왕으로도 살아간다.

주인이 없어 길을 잃은 양처럼 순하기는 하나 어느 짐승이 잡아가도 모를 상태다.

세상 모든 자는 죽은 자다. 그 속에 생명의 영이 없어 버려지는 인생으로 영원히 사는 삶을 모른다. 죽은 자는 서로 죽은 자의 일만 한다.

흙으로 빚은 피조물이 결국 아무 쓸모가 없는 흙으로 돌아가며 바람에 쓸려 날리며 사라진다. 이것이 우리의 상태다. 이 모든 상황이 해결되는 것은 오직 하나님이 해 주시는 것이지 다른 방법은 없다. 무모하게 천국을 가면 누리는 행복이 있을 것이라며 기대하는 것은 금물이다. 또한, 하나님은 영원한 세계에서 우리를 파트너로, 하나님의 백성으로 온 세상을 다스릴 계획이 있다. 그 방안이 여기서 먼저 이루어져야 하는 것이다.

(예수님의 말씀)

그럼 우선 예수님의 말씀을 열거해 보자. 요한복음 3장 3절에 보면 "사람이 다시 태어나지 아니하면 하나님 왕국을 볼 수 없느니라. 사람이 물에서 나고 성령에게 나지 않으면 하나님 왕국에 들어갈 수 없느니라."

이 말은 현재의 이 몸으로는 하나님 왕국을 볼 수가 없으며 물에서 나고 성령으로 나와야 한다는 것이다.

마 12:28~29

"내가 하나님의 영을 힘입어 마귀를 내쫓았으면 하나님의 왕국이 너희에게 임하였느니라. 사람이 먼저 강한 자를 결박하지 않고서야 어떻게 그의 집에 들어가 그의 재산을 노략하겠느냐? 결박한 뒤에야 그가 그의 집을 노략하리라."

마귀를 내쫓아야 하늘나라가 임한다는 말이다. 마귀를 죽이는 것이 아니라 결박을 한다는 것이다.

마 12:34~35

"오 독사의 세대야 너희가 악하니 어찌 선한 것들을 말할 수 있겠느냐? 입은 마음에 가득한 것을 말하느니라. 선한 사람은 마음의 선한 보고에서 선한 것을 내고 악한 사람은 악한 보고에서 악 한 것을 내느니라."

사람을 독사라 표현하며 '보고'라는 어떤 창고에서 나오는 것이 있다는 것이다. 그것은 마음 안에서 나오는 것이다.

시 7:9

"의로운 하나님께서는 마음과 속 중심을 시험하시나이다."
마음과 속 중심은 결국 다르다는 것이다.

시 38:36

"누가 속 중심에 지혜를 넣고 누가 마음에게 명철을 주었느냐?"
속 중심에 지혜를, 마음에 명철을 주어야만 일어난다는 것이다.

요 6:63

"살리는 것은 영이니 육은 아무것도 유익하게 하지 못하느니라."

영의 상태가 죽었다는 말씀은 어떤 것일까? 우리는 육으로 살아가는 데 아무것도 소용이 없다는 것이다.

마 9

"보라. 그들이 마비병으로 자리에서 누운 사람을 그분께 데려오거늘 예수님께서 그들의 믿음을 보시고 마비병 환자에게 이르시되 기운을 내고 네 죄들을 용서 받을지어다 하시니라. 어떤 서기관들이 속으로 이르되 이 사람이 신성 모독하는도다 하니 예수님께서 그들의 생각을 아시고 이르시되 너희가 마음속으로 악을 생각하느냐?"

"네 죄들을 용서 받을지어다 하고 말하는 것과 일어나 걸어가라 하는 것 중에 어느 것이 더 쉬우냐? 그러나 사람의 아들이 땅에서 "죄들을 용서하는 권능을 가진 줄을 너희가 알게 하려 하노라 하시고 마비병 환자에게 이르시되 일어나 네 자리를 들고 네 집으로 가라 하시매 그가 일어나 자기 집으로 떠나가니라."

자! 여기 두 가지 사항이 출현했는데 '죄 사함'과 '일어나 걸어가라'이다. 나는 전에 그 사항을 걸어가는 것이 신앙생활이라고 가르침을 받아 그렇게 생각했으나 성령을 받고 난 이후에 아! 이것이 잘못됨을 알았다.

겔 2

"그 영께서 내 안에 들어와 나를 세워 내 발로 서게 하시기에 내가 내게 말씀하신 이의 말을 들으니라."

하나님이 보시기에 우리는 세상 영으로 가려져 있어 그저 움직이라 하는 대로 행하는 마비된 몸이며 에스겔 선지자는 마비병 환자가 아니다. 즉, 영이 내 안에 들어와야 내가 일어서 제대로 된 길을 가는 것이다. 그리고 영이 내 안에 들어오는 것이 더욱더 어려운 것이다. 그러나 많은 교회가 죄 사함에만 치중시킴은 무슨 까닭일까? 사탄을 무시할 수 없는 것이다. 결국 교회 안에 가장 많이 역사하는 것이다.

롬 7:14
"율법은 영적이나 나는 육신적이어서 죄 아래 팔렸도다."

율법은 육을 움직여 행함인데 그것은 영적인 것을 내가 육신적이므로 죄 아래 팔린다?

이 수없이 많은 말씀이 내게 이루어지며 풀리며 해결되어야 한다.

"복음이란 고린도전서 15장에 보면 너희가 복음을 받았으며 그 중심에 서있느니라. 또한 그 복음으로 구원을 받았느니라."

그럼 복음으로 구원을 받고 그 중심에 서 있다는 것이다. 구원이란 멸망의 상태에서 건짐을 받음으로 상태가 회복됨을 말하는 것이 아닌가? 다시 말하면 교회를 나가므로 해결이 되는 것이 아닌 것이다.

고후 11
"만일 누가 다른 예수를 선포하거나 다른 영이나 다른 복음을 받게 할 때에 너희가 그를 잘 용납하는도다."

다른 예수, 다른 영, 다른 복음은 많은 사람이 용납, 즉 잘 받아들인다는 것이다. 그것은 무엇인가? 그 이유는 무엇일까? 그 이유는 먼저 쉽고 용이하고 많은 사람이 공유하는 공통된 사항으로 서로 인정되는 현실이 있기 때문이다. 그렇다고 '소수는 사실이며 받아들여야 하는가?'라면 예수님은 한 분인데 다른 예수는 이름만 예수지 실체가 아니라는 것이다. 이 세상에는 예수라는 이름으로 온갖 허위 행위가 이루어지고 있다는 것이다. 또한, 영이 다르다면 그리스도의 영은 오직 한 분인데 그 이름으로 다른 영이란 광명의 천사의 탈을 쓴 마귀일 뿐이다. 이 문제를 우리는 분간할 수 있는 능력이 있을까?

온 세상이 예수 그리스도의 십자가 보혈로 내 죄 사함을 받고 성령이 오셔 이제 천국에 간다고 하는데 그것 말고 다른 복음은 무엇이란 말인가?

결국 인간은 스스로 해결하지 못하는 것이다. 인간은 세상사는 현명할지라도 신의 관계는 마음대로 되는 것이 아니다. 수많은 종교가 신을 찾는 현실에서 어느 것이 진리란 말인가? 같은 성경으로 같은 눈으로 보는 것을 서로 자신이 옳은 것이라 한다면 결국 수가 많은 다수가 이기는 것이다. 자, 이제 어느 정도 이 세상의 현실 종교나 교회 상태의 윤곽이 드러난 것이다. 당신은 아직도 우리 교회가 정상이라고 말하는 증거는 무엇인가?

그리고 성경이란?

모세의 5경으로 시작하여 많은 대언자가 기록의 명령으로 적은 것을 말하는데 이상하게도 보이는 대로 각자가 풀리는 내용이다. 결국 모든 성경이 다 보이는지가 문제다. 여러 방면으로 풀이를 해도 결국은 막히기 마련이다. 그리고 다 보이지 않는 상태로 교회의 운영에는 지장이 없이 이어져 간다. 그러나 그 내용을 들여다보면,

요 5:39

"성경기록을 탐구하라. 그것들 안에서 영원한 생명을 얻는 줄로 생각하나니 그것들이 나에 대하여 증언 하느니라."

신 31:26

"이 율법책을 하나님에 언약궤 옆에 두어 거기서 너희에게 증거가 되게 하라."

고전 10:11

"우리를 훈계하기 위해 기록되었느니라."

롬 15:4

"무엇이든지 전에 기록된 것은 우리의 배움을 위해 기록되었나니 기록들이 주는 인내와 위로를 통해 소망을 가지게 하려 함이라."

딤후 3:7

"항상 배우나 결코 진리를 아는데 이르지 못하느니라."

사 34:16

"주의 책을 찾아 읽어 보라. 하나도 빠진 것이 없고 짝이 없는 것이 없으리니 이는 내 입이 그것을 명하였고 그의 영이 그것들을 모았기 때문이라."

고전 2

"하나님의 것들은 하나님의 영 외에는 아무도 알지 못하느니라. 본성에 사람은 하나님의 영의 것을 받아들이지 아니하나니, 그것들을 알 수도 없나니 영적으로 분별되느니라."

자! 이렇게 성경도 성령이 아니면 보이지 않는 장님이 된다는 것이다.

다시 말하면 공부만으로는 안 된다는 것이다.

그리하여 먼저 그분의 영이 내 안에 들어와야 성경도 보이는데, 평범한 일반 사람이 책을 공부하면 소용이 없다는 것이다.

결국 성경책은 일반 서적이 아니라는 것이며 인간이 만든 것이 아닌 것이다. 그리고 기록을 통하여 자신을 만나게 하신다는 것인데 자신의 영이 있는 사람을 통해 보여 주신다는 것이다.

바울 사도는 철저히 하나님을 섬기는 신자이며 신분이 베냐민 지파로 지식이 풍부한 학자이나 예수님을 통해 거듭남으로 하나님의 일을 하는 사도로 하나님과의 소통으로 인해 신약 성경을 기록한 서신 형식으로 만들었으나 그 내용은 하나님의 실체의 교제로 볼 수 있다. 그러므로 거듭난 신자는 바울 사도와 같은 신앙 상태이어야 한다. 그래서 복음이 가장 중요하다. 복음이 없는 교회도 얼마나 많은가? 그저 믿기만 하라는 둥, 영접을 하면 된다는 둥.

설사 있다 하더라도 죄를 사함으로 천국으로 모두 가게 됐다는 너무나도 황당한 복음이 온 천하에 얼마나 넘치는가?

인간은 이상하게도 신을 찾는 문제는 쉽게 받아들인다. 또한 얼마나 많은 종교가 널리 퍼져 많은 사람이 쓸모없는 삶으로 쓰레기 버리듯 불못으로 버려지는 것이다.

다시 말하면 인간 스스로가 신을 찾는 것은 불가능한 것이다. 낙타가 바늘구멍으로 들어가지 못하는 것이다.

온 세상을 찾아다니며 다 알아 보고 찾는 사람도 결국 생이 다 하도록 못 찾는 사람은 더욱 얼마나 많은가?

누 13

"좁은 문으로 들어가기를 힘쓰라. 많은 자들이 들어가기를 구하여도 능히 들어가지를 못하리라."

하긴 이 구절을 사용하여 자신들이 진짜 복음이라고 선전하는 교회에 필자도 약 10년간 속아 몸담고 평생을 바쳐 살 뻔 했고 지금도 많은 사람이 그 교회에 머물고 있으며 승승장구하듯 전도가 잘되어 번창하고 있다. 또한 안타까운 것은 거기를 나온다 한들 아무리 찾아도 그만한 교회가 없으므로 다시 들어가거나 그와 비슷한 교회로 갈 수밖에는 없는 것이다.

나 자신이 본 바는 결국 모든 교회는 거의 같은 수준이다. 모두 죄 사함을 외치고 천국에 간다는데 누가 거부하겠는가? 또한 이미 천국이라는 하늘나라에 들어간 명단이 있다는데 더 이상 이 땅에서 할 것이 무엇이 있겠는가? 그저 회개하며 전도하여 상을 받을 생각뿐인 것이다. 죄 사함과 거듭남이 없이는 하나님을 만날 수 없다. 어떤 사람은 죄 사함을 받았다는데 무슨 죄 사함도 모르고 죄 없음으로 천국을 가게 예수님의 피로 구원을 주장 하나, 그럼 다시 죄를 지으면 회개하고 또한 예수님의 피로 영원한 속죄 제사로 이미 지은 죄뿐만 아니라 앞으로 지을 것도 이미 용서했으므로 이렇게 알아서 해 놓으신 하나님께 얼마나 감사한지 모른다는 것이다. 하긴 나 자신도 거기에 미혹되어 늘 감사를 부르짖었다.

성경에는 특히 바울 사도는 그런 말을 한 적이 없다. 많은 사람이 다시 돌아가기도 하며 실패를 하는 것이다. 예수님도 실족이 있다고 말씀하셨다. 쉬운 것이 아니라는 것이며 찾기가 어려우므로 천년을 하루같이 하루를 천년같이 아직도 기다리시는 것이다(벤후 3).

죄 사함도 그저 이 세상 죄라며 그 속에 안 걸릴 사람이 없다며 하나라도 걸리면 지옥이나 하나님이 모두 합쳐 세상 죄를 용서한 것이라고 성경에 써 있는 그대로 주장하므로 거역할 수가 없다. 그러나 실상은 다르다. 많은 사람이 속은 것이다. 먼저 십계명에 모조리 다 죄에서 벗어 날 수 없으며 이 십계명과 율법은 영적(롬 7)이나 나는 육에 있으므로 벗어날 수가 없다. 다시 말하면 인간은 아무도 의인이 없다는 것이다.

"의인은 없나니 하나도 없다(롬 3)."라는 것이다. "선을 행하는 자도 단 한 사람도 없다."라는 것이다.

여기서 선이란 인간의 기준이 아니다. 인간은 이미 죄 속에 묻혀 있는데 그 속에서 무슨 선(하나님의 선)이 나온다는 것이냐? 그런 말이다. 설사 좋은 사람의 행위라 할지라도 너희 인간 사회에서나 인정되며 하나님과는 상관이 없다는 것이다. 그럼 어찌하여 인간은 그렇게 하나님과 원수지간이 되었을까? 그 내용이 정확히 파악되고 죄를 짓는 순서와 누구의 지시나 자신과의 관계가 하나님께 분노를 일으켰는지를 모르면 안 되는 것이다. 모르면 지옥행이며 모르는 죄도 용서가 안 되는 것이다.

그러나 인간과 창조하신 신과의 관계는 아무도 알 길이 없다. 그리하여 하나님은 기록이라는 실존을 남기신 것이고 그것이 바로 성경이라는 것이다. 아무나 자신의 의지로 쓴 것은 하나님의 기록이라 할 수 없고 하나님 자신이 기록하라는 명령이므로 이 내용은 우리가 판단하여 논할 수 없음은 한 구절도 고치거나 빼거나 더하는 것은 용납되지 않으므로 주의하여야 한다.

또한 잘못된 해석으로 번역된 성경을 그대로 받아들여 그로 인하여 파생되는 문제도 있는 것이 오늘날 현실이다. 아무도 접근하지 못한다는 두려움으로 그대로 그 성경을 사용하는 것이다. 글자대로 사전에 우리가 사용하는 내용과 번역으로 다른 방향이 제시되는 것이다. 그러나 이상하게도 성경은 그대로 본들 시행과 깨달음이 없어 많은 다른 길을 감으로 현재의 종파와 다종의 신앙이 생기는 무서운 결과로 많은 생명이 파멸될 것이다.

결론은 성경은 보이는 사람을 통해 같은 길을 열어 주는 것이 통합된 믿음으로 가야 하지만 글자대로 해석하면 다른 길을 가게 된다. 그러나 거듭나는 경험을 하고 나면 하나님의 뜻과 글을 하나님의 계획대로 보게 되며 해석이나 말씀의 내용이 보이는 대로 움직이는 비밀이 있다.

성경은 비밀의 글이라 할 수 있다.

그럼 창조로부터 마지막 종말까지의 내용을 살펴보자.

우선 창세기에 보면 인간은 흙으로 만들었다는 것이다. 인간의 어느 역사가의 책으로 인간을 만들었다고 쓸 책은 없다. 이미 밝혀진 성분 분석은 과학적으로 우리의 몸은 흙의 성분으로 이루어졌음은 다 아는 사실이다. 보이는 부분은 모두 인정을 안 할 수 없다. 그리고 영이라는 존재라는 것이다. 이 영은, 즉 신과 같은 존재라는 것이다. 이것을 하나님의 형상처럼 만들었다는 것이다. 이 영적 존재는 죽지 않는 상태를 말한다. 천사도 영적 존재이다. 그 이외의 피 조물은 영원히 살지 못하는 존재이다. 하나님이 그렇게 만든 목적이 있는 것이다.

그리고 예언된 내용이 예를 들면 창조하신 내용으로 좋았더라 하시나

"궁창을 만드시고 궁창 아래 물과 궁창 위의 물을 만드셨는데 좋았더라."라는 말씀이 없다.

그 후 노아의 방주 사건이 난 후에 물이 하늘 위에서 쏟아짐으로 온 인류와 방주에 타지 않은 숨을 쉬는 동물은 다 죽은 것이다. 이처럼 성경은 매우 깊이 있고 조심스럽게 접근하여야 한다. 그리고 비가 없는 아열대 기후로 노동 없이 먹이 활동으로 생활을 할 수 있었고 당시는 질병이나 외부 침투로 위협이 없는 우리가 상상할 수 없는 생활인 것이다. 무공해의 삶이 이어짐으로 그

생이 우리와는 다른 것이다. 마치 남극에는 감기 바이러스가 없어 감기가 걸리지 않는다는 것처럼 말이다. 인간을 남과 여로, 생물도 암수로 만들어 후손을 이어감도 많은 비밀이 있다. "우선 아담을 위해서는 그를 위한 협력자를 찾지 못하였더라(창 2)." 깊이 잠들게 하시고 갈비뼈 중에서 하나로 여자를 만드시고 남자에게로 데려오시니 아담이 이르되 내 뼈 중에 뼈요 내 살 중에 살이라. 남자가 자기 부모를 떠나 자기 아내와 연합하여 한 육체가 될지니라. 둘 다 벌거벗었으나 부끄러워하지 아니 하더라."

우리가 보이는 대로 최초의 인간에게 부모가 이미 있었다고 해석하면 안 된다. 낳으시고 키우시는 입장으로 보고 예수 그리스도와 하나님과 성령으로 보아야 한다. 몸이 둘로 나뉘었는데 왜 한 몸이라 하실까? 그리고 하나님이 데려온 것은 자기가 간 것이 아니다. 추후 다시 데려가는 사건이 또 일어난다. 또 벌거벗었으면 당연이 부끄러운 것인데 왜 당시는 모르는 것일까? 즉, 판단의 결론이 아직 나지 않은 상태를 말하며 나중에는 부끄러워 무화과나무 잎으로 가린 것은 누군가의 보여준 판단이다. 다시 말하면 인간은 피조물로서 누군가에 권고나 지배를 받는다는 것이다. 모든 결론은 O 아니면 X인 것이다. 중간도 역시 O는 아니다. 인간의 삶도 하나님의 사람이냐 아니냐로 갈리는 것이다. 의아하겠지만 이 책을 읽고 나면 풀릴 것이다. 인간으로 태어난 것은 그 이상 아무 의미가 없다. 하나님은 우리를 먼지나 풀이나 이슬로 표현하였다 .하나님은 사랑의 파트너가 필요한 것이지 로봇이나 인형이 필요한 것이 아니다. 그래서 선택의 첫 기회를 연 것이 바로 에덴동산의 사건이다. "동산 모든 나무의 열매는 먹어도 되나 선악을 알게 하는 나무 열매는 먹지 마라."인데 "먹는 날 네가 반드시 죽으리라."

그러나 사실 아담은 죽지 않았다. 하나님과의 이별이며 보시기에 죽은 자로 멸망의 운명인 것이다. 즉, 쓰레기 처리로 불못이라 일컫는 지옥에 버려지는 것이다. 영적인 형상은 죽지 않으므로 영원한 고통으로 사탄과 함께 지내게 되는 것이다. 그럼 왜 그들은 선악과를 선택했을까? 먼저 사탄이라는 천사가 뱀의 형태로 거짓 유혹을 통해 너희 눈이 열리고 신들과 같이 되어 선악을 알게 된다는 것이다. 자! 여기서 한 가지 우리가 잘 모르는 것은 그 다음의 결정을 누군가 가르칠 때 하나님이 먼저 열어 주신 것과 우리가 하는 선택의 순간이 엄청난 결과로 이어지는 것이다. 그 선택은 "여자가 보기에 먹기에 좋고 아름다우며 사람을 지혜롭게 할 만큼 탐스러운 나무이므로 그 열매를 따서 먹고 자기 남편에게도 주어 먹게 하니라."

"그들의 눈이 열리매 자기들이 벗은 줄 알고는 무화과나무 잎으로 앞치마를 만들었더라. 하나님이 부르시매 동산 나무 가운데 숨으매 네가 어디 있느냐 하시니 그 음성을 듣고 벌거벗었으므로 두려워하여 숨었나이다 하매 네가 벌거벗은 것을 누가 네게 알려 주었느냐? 먹지 말라고 명령한 것을 네가 먹었느냐? 여자가 이르되 뱀이 속이므로 내가 먹었나이다. 뱀에게 이르시되 저주를 받아 배로 다니고 평생토록 흙을 먹을 지니라(창 3:7~)."

눈이 있는 사람이 벗은 줄 모른 것이 아니다. 어떤 판단이 들어 그 가치관을 정한 것이라 볼 수 있다. 그런데 하나님은 그것은 누군가 알려 주었다는 것이다. 그럼 인간은 누가 알려 주면 그것을 따라 판단으로 시행을 한다는 것이다. 그리고 눈은 세상으로 열리는 것이며 그 기준은 자기가 생각하여 옳은 것으로 가는 것이다. 지금도 인간은 모든 결정을 자기가 보기에 좋으면 하게 마련이다. 사탄은 하나님의 명령으로 하지 말고 네가 선택하라고 하며 이 세상을 살아가는 것이다. 자기를 나타내며 주관적으로 보는 것이다. 선악의 기준도 이 세상이 보는 관점으로 보고 양심도 세상 기준으로 하는 것이다. 이것은 하나님이 부모여 주인이며 파트너여서 모든 상황이 바뀌는 것이다. 뱀은 살아있는 먹이를 취하지 흙은 먹지 않는다. 그러나 바닥으로 붙어 다니며 흙으로 만든 사람 안에서 살고 있다. 바닥이란 하늘로 표현된 영의 세계에서 가 아니라 인간이 살고 있는 세상을 말한다.

"오 아침의 아들 루시퍼야 네가 어찌 하늘에서 떨어졌는가! 민족들을 약하게 만든 자야. 네가 어찌 끊어져 땅으로 떨어 졌는가! 네가 마음속으로 이르기를 내가 하늘로 올라가 내가 하나님의 별들 위로 내 왕좌를 높이리라. 내가 지극히 높으신 이와 같이 되리라 하였도다(사 14)."

그렇다! 우리는 영적인 존재로 내 영은 두 갈림길의 선상에서 어디에 순종하느냐가 결정되는 것이다. 먼저 내 영에게 그리고 혼에게 몸으로 전달되는 과정 속에서 살아가는 것이다. 이것은 과학적으로 분석이 되는 것이 아닌 오직 만드신 하나님이 기록을 통해 알게 된 것이다. 먹고 입고 즐기고 만들고 성육하는 것이 인생이 아닌 것이며 누구나 벗어날 수 없는 길이다. 그러나 우리는 지상의 신을 택하므로 우리의 운명은 버려진 것이다. 그러나 하나님도 자신이 만들어 영원히 동반하려던 목적을 회복하기 위해 사전에 모든 것을 아심으로 세우신 것이 바로 복음이라는 것이다.

버려진 상태를 보면 "하나님께서 사람의 사악함이 땅에서 커지고 또 그의 마음에서 생각하여 상상하는 모든 것이 항상 악할 뿐임을 보시고 땅 위에 사람을 만드신 것으로 인해 슬퍼하시며 마음으로 근심하시고 내가 창조한 사람을 지면에서 멸하되 사람과 짐승이 기는 것과 공중에 나는 날짐승까지 다 그리하리니 내가 만든 것으로 인해 슬퍼하기 때문이라(창 6)."

바로 이 사건이 바로 그 노아의 방주 사건이다.

* 여기서 주의할 것은 무엇 때문에 하나님은 지구상의 모든 인류를 멸하려 하신 것일까?

그것은 사람이 생각하여 떠오르는 상상을 통해 악으로 간다는 것이다.

"노아는 의인이요. 그의 세대들 가운데 완전한 자이더라 그가 하나님과 함께 걸었더라. 하나님께서 땅을 보신즉 이는 땅 위에서 모든 육체가 자기의 길을 부패시켰기 때문이더라. 노아에게 이르시되 모든 육체의 끝이 내 앞에 이르렀으니 이는 땅이 그들로 인해 폭력으로 가득하기 때문이라. 보라! 내가 그들을 땅과 함께 멸하리라."

이리하여 하늘 창이 찢어지고 비가 없던 땅에 물이 쏟아지는 기현상이 일어나 온 세상이 물에 잠김으로 방주에 들어간 8식구와 동물을 제외하고는 일류의 모든 생명체는 다 죽은 것이다. 지금도 그 방주(배)가 아라라트산에 묻혀 있어 관광 코스이다. 성경의 기록대로 다 이루어짐을 눈으로 보고도 믿지 않는 사람은 눈만 가리면 아무것도 없다는 식이다. 여기서 한 가지 물속에 잠길 때 많은 사람이 살아 보려 아우성을 치며 어린아이까지 죽음에서 벗어나지 못함은 죄를 모른다 해도 하나님의 자녀는 아닌 것으로 무서운 결과이다. 생전 보지 못한 비를 만났을 때 얼마나 놀랐을까? 앞으로 다가오는 휴거라는 사태도 설마를 연발할지도 모른다. 휴거란 하나님의 약속에 마지막 큰 환난이라는 전쟁에서 살아날 수 있는 핵이나 수소 폭탄을 피할 길이 없으므로 인류의 역사를 마무리하시며 새로운 왕국으로 진입하며 거듭난 그리스도인을 피 할 길을 제시하시며 다시 오셔서 새 역사가 시작되는 것이다. 지금도 지난 역사를 통해 모든 것이 사실이면 이후도 사실이라는 것으로 받아들여야 할 것이다. 결국 인간은 하나의 피조물일 뿐이다. 사탄의 종으로 죄를 지어 법의 심판에서 벗어날 길이 없다. 그럼 그 내용은 그저 죄를 용서만 받으면 된다는 허무맹랑한 주장을 절대로 용납하면 안 된다.

(마지막 전쟁)

성경은 과거의 사실과 미래의 일어날 사건까지 시작부터 끝나는 하나님의 계획을 미리 적어 놓으시고 이루어지는 것을 알 수가 있다. 의심할지라도 현재까지 모든 사실을 부인할 수가 없다. 간단히 말하자면 소련의 전쟁 시작으로 중국이 가세함으로 중동 지방을 거쳐 이스라엘과의 전쟁으로 여기에 연루된 나라까지 지구상 인류 2/3가 핵과 수소 폭탄으로 거의 다 죽는다고 되어 있다(추후 설명).

(적그리스도 출현)

이 사람은 위기의 순간에서 나타나 전 삼년 반은 전 세계를 아주 현명한 통치로 세계가 그를 추앙한다고 되어있으며 후 삼년 반은 그의 존재감을 높여 숭배를 높이고 심지어는 지금으로 말하면 인공 지능의 로봇과 같은 우상으로 통치하며 경제를 통제하는 바코드로 매매까지 통제하며 그 표를 안 받는 자는 물건을 살 수가 없다는 것이다. 온 세계를 신분 노출로 범죄를 예방하며 전쟁을 방지하는 수단으로 사용할 것이다. 이것이 바로 666이라는 표인 것이다. 여기서 물론 666은 바코드를 말하는 것이다. 인류가 양면으로 갈려서 결국 전쟁으로 간다는 것이다. 지금의 현실을 보면 이해가 가는 것이다. 각 나라는 군비 확충으로 무기 전쟁은 이미 시작된 지 오래이다.

그러나 그가 예루살렘 성전으로 내려오는 것은 아마도 그가 유대인일 가능성이 높다. 그 배경은 유로에서 나올 확률이 높은 것이다. 자신이 그리스도, 하나님이라고 하며 온 이스라엘이 고대하던 왕이라고 하고 사람들은 그를 신봉할 것이다. 결국 그가 전쟁을 일으킬 것이다. 다니엘서나 요한 계시록도 자세히 나와 있으며 바울 사도도 이미 여러 번 언급하였다.

(천년왕국)

예수님이 다시 오신다고 고하신 것은 예루살렘 동산의 한 성(도시)이고, 이 곳은 그분과 함께 천년이라는 재창조의 성, 우리와 함께 다스릴 곳이다. 그 시대에는 동물도 새로운 먹이로 변하고 사자가 풀을 먹고, 독사가 독이 없는 시대다. 다시 말하면 모든 본능이 다시 지어지는 것이다. 이 기록은 이미 많이 알려져 있으므로 새삼 다시 언급함이 의미가 없어 생략하기로 한다.

그보다 중요한 것은 죄 사함과 영을 받아야 하는 것이다. 이것을 인 맞은 자라고 하며 영원히 살 수 있는 자격이라 할 수 있고 이 영으로 성숙하고 하나님의 사람으로 변화되어야 하는 것이다. 죄 사함은 온 나라의 교회가 피를 강조하면서 이상하게도 이 영 문제는 어정쩡하게 넘어감은 뚜렷한 증거를 대지 못하는 것이다. 그만큼 무서운 것이며 어려운 것이다.

이 영적인 싸움은 사람들이 무슨 기적이나 이적이 일어나야 믿도록 사탄이 유도하므로 결국 가짜 그리스도에게 다 속는 것이다. 또한 평상시 성령으로의 성장과 인도함이 없으므로 모르는 것이다. 우리의 운명은 자세히 알지 못하는 데서 비롯되는 것이다.

시 50

"내 범죄들을 지워주소서. 내 불법에서 나를 철저히 씻기시며 내 죄에서 나를 정결하게 하소서.”

죄의 진행에서 일어나는 현상은 죄상과 불법과 범죄라는 것이다. 먼저 죄상은 떠오르는 현상을 내가 불법으로 받아들여 범죄로 이루어지는 것을 다시 강조한다. 이 사실을 모르면 절대 로 안 된다.

렘 13

“이 악한 백성이 내 말 듣기를 거절하고 자기 마음에서 상상하는 대로(떠오르는 대로) 걸으며 다른 신들을 따라 걷고 그들을 섬기며 그들에게 경배하나니 전혀 쓸모없는 이 띠와 똑 같이 되리라.”

호 4:5

“내 백성이 나무토막에게 조언을 구하고 막대기가 그들에게 밝히 말하나니 이는 행음에 영이 그들로 하여금 잘못을 범하게 하므로 그들이 하나님 밑에서 떠나 음행에 길로 갔기 때문이라.”

왜? 하나님이 존재함을 잘 아는 백성이, 이스라엘이 다른 신을 섬길까? 사람은 자기가 필요에 의한 소망을 바라기 때문에 하나님의 뜻과 계획은 여기서 잘 먹고 잘 되는 것이 목표가 아님을 모르는 것이다. 그리고 신을 모시는 방법을 무엇인가 만들어 놓고 그 대상으로 하나님, 신이라 부르면 그것은 영적 음행인 것이다. 오늘날도 형식을 취해 놓고 찬송하고 말씀을 듣고 착하게 살고 남에게 베푸는 생활을 하면 하나님이 받아들인다고 생각하므로 그 길을 가는 것은 바로 다른 신을 모시는 것임을 모르는 것이다. 평소에 죄를 범하며 세상 영을 따르는 것을 모르는 것이다. 생각이 나는 대로 자기가 유리한 것으로.

롬 1

불의 사악함, 탐욕, 악의, 시기, 살인, 논쟁, 속임, 적개심, 수군수군, 헐뜯음, 미움, 업신여김, 교만, 자랑, 부모 불순종, 지각이 없음, 언약을 어김, 애정이 없음, 화해가 어려움, 긍휼이 없음 등등 우리가 살고 있는 시대에 다 그렇게 사는 게 아니냐며 공감으로 넘기는 것으로 여기고 다른 사람도 이해해 주는 방식이다.

"오! 같은 일들을 행하는 사람아. 네가 하나님의 심판을 피할 줄로 생각하느냐? 뉘우치지 아니하는 마음에 따라 진노의 날에 닥칠 진노를 쌓아 올리는도다."

결론은 하나님과 초점이 맞지 않는 상태에서 그 영의 인도가 없이 자기가 원하는 하나님을 어떤 형식을 취해 예배 의식으로 부르짖는다 해도 그것은 하나님이 아닌 것이다. 마치 유대인들이 예수님을 왕으로 추대하여 국가를 세워 동참하기를 바랐으나 예수님은 혼자 산으로 피했던 것과 같다(요 6).

지금도 역시 많은 사람이 하나님과 연결되지 않은 상태에서 무엇인가 만들고 열심과 고통을 마치 하나님이 아실 것이라 믿고 시간이 갈수록 그 탑이 쌓여 이루어졌을 거라 만족하며 기대치로 살아가는 기독교 신자가 대부분인 것입니다. 하나님은 다시 인류를 구원하시려 예수 그리스도를 보낸 것이다. 처음은 지도자와 법을 통해 순종을 바랐으나 실패하였고 대신 용서라는 제사를 통해 용서했으나 그도 역시 실패이며 인간의 몸으로 오신 예수님마저 거부함으로 십자가에 못을 박아 잔인하게 죽임으로 인간에게는 더 이상 소망이 없는 것이었다.

그것은 지구상에서 단 한 민족을 택해 그들로 시험했으나 만일 온 지구상을 택해 시행했다면 참으로 불행한 일이 아닐 수 없다. 가장 머리가 뛰어난 이스라엘의 실패를 보면 영적인 문제는 IQ와는 상관이 없는 것이다. 또한 하나님은 우리를 창조하신 분이며 세상 신의 의도도 잘 아시는 분이다. 그래서,

창 3

"네 씨와 여자의 씨 사이에 적대감을 두리니 여자의 씨는 네 머리를 상하게 할 것이요. 너는 그의 발꿈치를 상하게 할 것이니라."

머리를 깨트리면 그의 계획은 끝날 것이며 그러나 여자의 씨는 발꿈치를 상하게 하면 피해는 있다는 것으로 예언한 것이다. 여기서 네 씨란 우리 인간이며 여자의 씨란 남자에게서 태어난 것으로 우리는 다 사탄의 씨이므로 죄인의 씨가 아닌 여자를 통해 성령으로 태어나게 하심으로 분리하신 것이다. 여기에는 엄청난 비밀이 숨겨져 있다. 추후 다시 설명하겠지만 그 이유는 구원 이후에 해야만 한다. 또 한 가지, 우리는 아담이라는 사람을 통해 우리도 그 씨로 분류가 되어서 죄인으로 사탄의 후손이 되었다. 그것은 억울하기도 하다. 그러나 그 문제에 구원이 이루어지는 것은 다시 한번 놀라운 하나님의 비밀이며 어느 누구도 사탄도 항의할 수 없는 공의인 것이 된다. 사탄과의 공의도 이루어져야만 하나님은 거룩한 것이다. 그럼 우리에게 닥친 문제는 우

리가 죄인으로 태어나 죄를 짓는 인도로 마지막에는 불못이라는 구덩이에 버려지는 운명을 확실히 인정하게 되는 것이다.

마 7

"좋은 나무마다 좋은 열매를 맺고 썩은 나무는 나쁜 열매를 맺나니 좋은 열매를 맺지 못하는 나무마다 찍혀 불 속에 던져지나니 열매로 그들을 알리라. 주여! 주여! 하는 자가 다 하늘왕국에 들어가지 아니하고 내 아버지의 뜻을 행하는 자라야 들어가리라. 그날에 많은 사람이 내게 이르기를 우리가 주의 이름으로 대언하고 주의 이름으로 마귀를 내쫓고 주의 이름으로 많은 놀라운 일을 해하지 아니하였나이까 하리니 내가 결코 알지 못하노라. 불법을 행하는 자들아, 너희는 내게서 떠나라 하리라."

사실 예수님이 이스라엘 땅에 오기 전에는 인간을 쓰레기 처리하여 사탄이라는 천사와 함께 불구덩이로 처리하는 하나님의 계획을 몰랐던 것이다. 또 인간을 뱀의 자식이라고 표현하신 것도 무슨 의미인지도 모르며 주의 이름을 부르며 병도 고치고 마귀에게 고통을 받는 환자를 고쳐 주며 이적도 일어나는데 누가 주님이 함께하심을 의심하겠는가? 이름을 부른다고 하나님의 응답이 아니라는 것이며 또한 그러한 일이 일어나는 현상도 불법이면 하나님이 세운 법이 아니라는 것이다. 심각하고 예민하며 어려운 것이다. 자! 그럼 교회에 다닌 훌륭한 신자는 무엇으로 판가름할 것인가? 하나님이 준비하신 그 길이 아니면 우리가 보기에 본능으로 확실하게 인정되는 것도 아니라는 것이다. 또한, 많은 사람이 보기에 인정되고 따르는 교회도 아니라는 결론에 도달하는 것이다. 아! 하나님의 구원이 한 발자국도 마음대로 내밀 수가 없다. 우리의 판단은 완전 불가능한 것이다. 결국 그분 예수님의 말씀을 들을 수밖에는 없는 것이다.

마 10:28

"몸은 죽여도 혼은 능히 죽이지 못하는 자들을 두려워하지 말고 오직 혼과 몸을 능히 지옥에서 멸하시는 분을 두려워하라."

여기서 몸이 죽는 것은 누구나 알고 있다. 그런데 그 후에 혼과 몸을 지옥에서 멸한다면 몸이 다시 다른 형태가 있다는 것이며 몸이 죽을 때까지는 그 한계이며 그 이후는 다른 한계라는 것이다. 우리는 그럼 몸의 죽음을 두려워하며 이후 지옥의 판결도 두려운 것이다. 그리고 죽을 때까지의 몸이 누구에게 두려워한단 말인가? 두려움은 그 내용이 섬김이라는 뜻도 있다. 그럼으로 죽을 때까지만 섬기는 것은 세상신, 즉 사탄이라는 천사이다. 이미 말한 바와 같이 이 영이라는 신은 우리의 생각이나 판단의 결론을 주관하여 떠올리는 상상 이미지로 자신의 이기심이나 욕심이나 자기중심적 등 전자에 말함으로 핀 죄로 인도되는 것을 말한다. 그럼으로 우리의 운명은 이미 정해진 것이다. 평생을 남을 위해 목숨을 바치거나 헌신하는 사람도 인간사에 그 이름을 남겼을지라도 하나님의 의인은 아니라는 것이다.

시 53, 롬 3:10

"그 길에서 벗어나 함께 무익하게 되고 선을 행하는 자도 단

한 사람도 없고 깨닫는 자도 없고 하나님을 찾는 자도 없으며 다 무익하게 되고 선을 행하는 자도 없나니 목구멍은 열린 돌무덤이며 자기 혀로 속임수를 쓰나니 입술 밑에는 독사의 독이 있고 그 입은 저주와 악독으로 가득하며 발은 피 흘리는 데 빠르므로 파멸과 고통의 길이 있고 눈앞에 하나님을 두려워함이 없느니라."

또한 율법 아래 있는 자들은 온 세상이 하나님 앞에서 유죄가 되게 하려 함이니라. 율법으로는 죄를 알게 하려 함이니라."

결국 만일 인간사에서 법이라는 규정이 없이 마음대로 살게 하면 좋을 것 같지만 오히려 서로 대치되는 욕심과 무법으로 무자비한 세상은 뻔한 것이며 강자만이 사는 동물이나 다를 바 없다. 모든 법의 기초는 하나님에서 나왔으며 인간의 심리나 죄악상에 상태를 잘 아시는 분이 발하신 것으로 그 법에 아래에서 죄인으로 드러남으로 결국 사망이라는 운명인 것이다. 무익한 것은 우리는 자신에게는 유익한 것을 찾으며 사는데 모두 무익한 것을 깨달아 오늘날 현저한 발전으로 새 시대를 살고 있다. 여기서 깨달음이란? 완전한 하나님의 새로운 시대를 대비하고 하나님의 뜻을 알아 걸맞은 하나님 가르침으로의 깨달음을 모른다는 것이다.

시 49:20
"존귀함에 거하는 중에 사람이라도 깨닫지 못하면 멸망하는 짐승과 같도다."

존귀함에 거하는 자는 평범한 사람이 아니라 위치가 다른 특히 하나님과의 관계에서는 지도자라 볼 수 있다. 하나님은 세상 사를 말하지 않으신다. 누구나 현명하게 살아가는 수단을 책할 사람은 아무도 없다.

고전 2

"하나님께서 자신의 영으로 우리에게 그것들을 계시 하였으니……. 하나님의 것들도 하나님의 영 외에는 아무도 알지 못하니라. 하나님의 영을 받았으니 하나님이 값 없이 주신 것들을 알게 하려 하심이라."

우리는 장님이라는 말이다. 우리에게 열어서 보여 주시는 계시를 말하는 것은 우리가 보이지 않는다는 표현이다. 또 선이라는 기준은 우리 사회에 기여한 선이자 우리에게 통용되는 선은 너희에게만 통용되는 것이지 하늘나라와는 별개라는 것이다. 시편에는 하나님을 부르지 않는다는 것으로 나와 있다. 그럼 아무나 부르면 되는 것 아닌가?

롬 10:13

"누구든지 주의 이름을 부르는 자는 구원을 받으리라. 자기들이 믿지 아니한 분을 어찌 부르리요? 듣지 못한 분을 어찌 믿으리요?"

이 구절로 많은 혼선이 있다. 그래서 어느 교회는 부르면 구원이라고 "오! 주 예수요!"라고 목이 터져라 부르고 있다. 그리고 믿지 않은 사람은 불러도 소용이 없다며 "믿습니다!"를 외치는 것이다. 필자도 처음에는 전도 기간에 전도 말씀을 듣고 부르면 되는 것으로 알아 왔다. 그러나 그것은 믿음이란 내가 주님과 동행 되는 중이며 내가 부르면 연관이 되는 사이가 되고 내게 가르침으로 깨달음으로 이어지는 하나님과의 사람으로 부르는 것을 말함이다. 그러므로 하나님이 계속하여 깨달음으로 계시하는 것을 말한다. 하나님은 인간이 돌아오기를 바람으로 먼저 죄를 처리해 주시는 방편으로 대신 죽는 제사를 선정하셨다. 흠이 없는 양이나 송아지를 대신 죽여 그 피를 제단에 뿌려 죄를 사함으로 이스라엘은 일 년에 한 번 또는 수시로 필요시 흠이 없는 지정된 동물로 대신 그 죄를 동물에게 전가해 해결되었으나 성전 앞에는 제물로 바칠 동물이 장사진을 치고 그 제사가 일종의 행사로 끝나며 참으로 죄의식이 없이 그들의 행동은 다시 평범한 일반 사람과 다를 게 없으므로 역시 죄인으로 남는 것이다.

하나님은 애굽을 탈출할 때도 문설주와 문기둥에 피를 바름으로 피가 없는 곳은 모조리 죽음을 맞이하게 하심으로 나왔으나 광야 생활은 여전히 옛날과 다름이 없으므로 40년을 방향도 없이 하나님이 돌게 하신 것이다. 지금도 역시 예수님의 피로 구원을 받았으나 거의 모든 사람이 광야를 돌듯 헤매고 있다. 예배를 의식화하여 참석하면 의무를 다한 것처럼 여겨 실생활은 하나님과의 연계가 되지 않는 것이다. 그리고 더욱 안타까운 것은 죄 사함만 외우듯 하는 은혜로 대부분이 자신은 구원을 받았다며 완전한 구원을 이루지 못하고 있다. 첫째는 죄를 정확히 모르며 다음은 영적인 인도로 자신이 다른 영을 섬기는 상태를 모르는 것이다. 즉, 십계명에 저촉되는 우상 숭배를 모르며 내 안에 성령이 들어와야 그 영으로 살며 그 영이 영원한 생명을 누리는 존재임을 알고 확인하여야 한다. 인간은 영적 동물이기에 가장 어리석은 것은 이 영적인 문제에 속고 보이지 않는 상태를 인지하지 못하는 것이다. 복음도 죄 사함만이 복음이 아니다. 부활에 복음이 동반되어야 하나 성경에서 가장 찾기 어렵고 이어지기 어려운 부분이 부활의 성령 강림이다. 필자 자신도 이것은 아무리 찾으려 해도 보이지 않아 잘못된 교리로 허송세월한 지가 28년이다. 많은 지역으로 찾아다녔으나 보이지를 않고 거의 서적이나 유명 종교인의 주관으로 된 교리로의 생활은 적어도 한 곳에서 3~4년이 소요되므로 무엇인가 잡힐 듯 잡히지 않는 안개 속에서 보냈다. 여러 곳을 찾아도 결국 확신이 없이 다른 사람과 보조를 맞추며 자기도 모르게 동일한 신앙으로 세월만 가는 것이다. 나 역시 오래되었다는 학식으로 인정해줌으로 안착하게 되고 강단에서 가르치는 위치가 되므로 많은 사람이 잘 보이지도 않는 방향으로 가는 위선이며 많은 사람을 지옥으로 끌고 가고, 자기도 나오지 못하면서 남도 빠뜨리는 엄청난 죄에 머물게 되었다. 사람들 역시 자기감정, 느낌이나 인기성 발언으로 또한 여러 가지 지식적인 강의를 함으로써 인정하며 그를 따르게 되고 모이면 더욱 강해진다. 자신도 모르게 그 사람을 의지하게 되면서 너희는 사람을 의지하지 말라는 말씀을 알면서도 나도 모르게 그 사람에게 경의를 표하며 그 사람 입에서 나오는 것으로 움직이게 된다. 실지로 하나님의 영이 내게 오면 주님이 주시는 것으로 그 길을 가게 되므로 거기에서 판단과 방향과 계시로 새로운 길을 가게 되며 동반되는 믿음으로 연륜과 안식과 지혜와 총명이 이루어진다. 세상을 보는 시야와 가치관의 성립으로 모든 사물과 사람을 대하게 된다. 하나님의 십일조를 창고에 쌓게 되는 것이며 그리스도의 심판대에 서는 준비가 되는 것이다. 이스라엘은 어느 날 광야에 한 초라한 행색의 세례 요한이 나타나

마 3

"회개하라, 하늘 왕국이 가까이 왔느니라. 누가 너희에게 경고하여 다가오는 진노를 피하게 하더냐? 알곡은 곳간에 들이시고 껍질은 꺼지지 않는 불로 태우시니라."

어느 날 갑자기 누가 광야에 나타나 이렇게 소리를 친다면 지금 잘 믿고 있는 사람이 반응을 보이며 가까이 다가가 그의 목소리에 귀를 기울일 것인가? 여기서 회개하라는 다른 번역에는 "돌아오라."이다. 그러면 하나님에게 안 돌아갔다는 말인데 다른 말로 하나님과는 상관이 없다는 것이다. 그리고 다가오는 진노를 피할 길이 없는데 그 방법을 말해 주는 사람은 없다는 것이다. 여기서 이스라엘은 예수님이 오기 전의 상태를 말함이라고 하면 이것은 하나님의 새로운 법이 시작되는 것을 말함이 아닌가?

사도 바울이 예수님 돌아가신 후에 예수님의 복음을 전한 내용은 다른 것이다.

고후 11

"다른 예수, 다른 영, 다른 복음에 모든 사람이 잘 용납하는도다."

이 문제는 다가오는 하나님의 진노가 있다는 것이다. 그 진노는 오직 예수님에게 달려 있는 것이다. 예수님에 관한 모든 것이

서로 다르므로 파멸이 결정된다는 것이다.

요 3:3

"사람이 다시 태어나지 않으면 하나님 왕국을 볼 수 없느니라."

다른 말로 이 상태로 하나님을 섬긴들 안 되며 다시 태어나야 한다는 것이다.

사 59

"주의 손이 짧아서 구원하지 못하는 것도 아니요, 그분의 귀가 둔하여 듣지 못하는 것도 아니요, 오직 너희 불법들이 너희 하나님을 갈라놓았고 너희 죄들이 그분의 얼굴을 너희에게 숨겼으므로 그분께서 듣지 아니하시리라."

죄 때문에 하나님과 우리 사이에는 가로막혀 있다는 것이다.

마 12

"내가 하나님의 영을 힘입어 마귀를 내쫓으면 하나님 왕국이 너희에게 임하였느니라."

마귀를 예수님께서 내쫓으면 우리가 하나님 나라에 들어갈 수 있다는 것이다.

그럼 우리가 해야 할 것은 무엇인가?

마 3

"자기들의 죄를 자백하고 요르단 물속에서 침례를 받더라."

'침례를 받더라.'는 그저 의식 행사가 아니라 물속에 들어가면 죽는 것이고 나오면 살아난다는 것이다. 그것을 인정하고 그 일에 동참하겠다는 것이다.

레 4

"자기가 지은 죄를 알게 되거든 그는 흠 없는 숫염소 새끼를 머리에 안수하고 그것을 잡을지니 그 죄에 대하여 제사장은 제단의 뿔들에게 바르고 피를 전부 제단 밑에 쏟을지니 기름은 태워 주께 향기로운 냄새가 되게 할지니 제사장이 그를 위하여 속죄할 터인즉 그가 용서를 받으리라."

죄를 알아서 그 죄를 자백해야 제사장이 제물을 잡아 피로 대속죄를 받을 수 있는 것이다. 유대인은 그것이 무슨 죄인지를 모르는 것이다. 아직도 유대인처럼 우리도 생각이 떠오르는 대로 생각을 좇아 마음에 끌리는 대로 부정한 곳으로 긍정적이 아닌 곳으로 따라가는 죄를 모르는 것이며 이것은 사탄의 영이 주도함을 모르는 것이다.

지금도 많은 사람이 죄를 용서받은 내용의 실체를 모르고 그저 세상 죄요, 내 모든 죄라고만 하는 진정성과 사실에 입각한 정확한 영적인 다른 신에 의한 죄를 모르므로 우상시하듯 하나님을 대하고 있다. 그저 왕으로 모시면 되는 것이 아니다.

누 15

"회개할 필요가 없는 99명의 사람보다 회개하는 한 죄인으로 인하여 하늘에서는 더 기쁨이 있으리라."

마 8

"한 백부장이 예수님께 나와 내 종이 마비병에 걸려 고통을 받고 있나이다. 내가 그를 고쳐 주리라. 주여, 주께서 내 지붕 아래로 오심을 내가 감당할 자격이 없사오니 오직 말씀만 하옵소서. 가라하면 가고 오라하면 오며 내 종더러 그것을 하라고 하면 하겠나이다. 예수께서 그 말을 들으시고 진실로 이렇게 큰 믿음은 내가 결코 보지 못하였느니라. 네 길로 가라. '네가 믿은 그대로 네게 이루어질지어다.' 하니 바로 그 시각에 그 종이 나으니라."

여기서 우리는 백부장은 나의 영이요, 그 종은 나이니 하라면 하고, 오라고 하면 오고를 말씀으로 고쳐 주는 주님을 알 수 있다. 나는 지금 주님을 받을 수 없는 집이라 할 수 있다. 절대로 순종하지 않으면 나는 마비된 나의 운명을 고칠 수가 없다.

사 29

"너희는 스스로 멈추며 놀랄지어다. 부르짖고 부르짖을지어다. 그들이 취하되 포도주로 취하지 아니하였으며 비틀거리되 독주로 인해 비틀거리지 아니하나니 주께서 깊이 잠들게 하는 영을 너희에게 부어 주사 너희 눈을 닫으셨으며 대언자들과 선견자들도 덮으셨느니라. 모든 환상 계시가 봉인된 말씀들같이 되었나니 학식이 있는 자도 학식이 없는 자도 읽으라 하면 그것이 봉인되어 읽을 수 없노라 할 것이요, 학식이 없다 하리요."

입술로는 나를 공경하나 마음은 내게서 멀도다. 사람의 훈계로 가르침을 받아 나를 두려워하는도다."

마 11

"곧 눈먼 자들이 시력을 받으며 다리 저는 자들이 걸으며 나병 환자들이 정결하게 되며 귀먹은 자들이 들으며 죽은 자들이 일으켜 세워지며 가난한 자들에게 복음이 선포된다 하라."

지금 우리의 상태가 이렇다는 것이다. 성경도 아무나 읽혀지는 것이 아니며 보이지 않는 것이다. 결론은 우리는 하나님의 것이 아무것도 없다는 가난한 자라야 얻게 되는 것이다. 미리 말하지만 이 책을 보는 자는, 하나님에 대해 부자인 자는 소용이 없다. 자기가 가지고 있는 것으로 재 보고 비춰 보고 자기 창고로 만족한다면 그는 받을 것이 없기 때문이다.

이 백부장은 자신에 대해 예수님께 그대로 보이므로 구원을 요청한 것이다. 그리고 말씀으로 우리도 오라면 오고 가라면 가라, 하라면 하겠다는 굳은 약속이 남아 있다. 자기가 알지도 못한 사이에 주님이 온 세상의 구원을 해 주셨다는 거짓 복음에 속아서는 절대 안 된다는 것이다. "아멘!" 외치지만 실생활에서는 전혀 명령을 들을 수도 없고 들리지도 않으며 자기 뜻대로 하면서 언제 주님의 명령을 받았는가?

다시 강조하지만 이 약속은 절대 불변해야 한다.

히 4

"우리에게 위대하신 대제사장 곧 하늘 들 안으로 들어가신 하나님의 아들 예수님이 계신 줄 아므로 우리의 신앙 고백을 굳게 붙들자."

　다시 강조하지만 회개를 하지 않는다면, 이 순간을 놓치면 치명적 실수이며 다시 하기에는 이미 늦으므로 절대 놓치면 안 되는 것이다.

　유대인들은 예수님이나 요한의 말을 그냥 듣다가 과거에 알고 있던 지식으로 대적하므로 스스로 파멸의 길을 택한 것이다. 지금도 똑같은 길을 선택하므로 유대인의 전철을 밟게 되는 것이다. 필자의 경험으로는 나중에 아무리 다시 설명해도 소용이 없음은 주님과의 만남이 지나 버린 것이다. 이것은 실체요, 가상이 아니다. 말씀으로 인도하셨으나 거부함과 같은 것이다. 준비되지 않은 밭에 씨를 뿌리지 않는 농부와 같은 것이며 설사 뿌렸다 할지라도 씨라 살아날 수 있는 환경이 조성되지 못하면 다 죽는 것이다. 필자의 실제 경험이니 지식으로 듣지 말고 실행으로 주 앞에 무릎을 꿇어야 하는 것이다. 특히 죄의 과정을 인정하고 '아! 내가 그렇게 살았구나.'라고 하며 인정하고 자신이 사탄의 후손이며 그의 영에게 종노릇을 함으로 뱀의 자식이며 그로 말미암아 우상 숭배를 인정하지 않으면 안 되는 것이다. 그 죄의 용서를 바라는 것이다.

　실로 예수님은 목수의 아들로 태어나 세상 공부를 안 했으므로 무시하고 멸시함으로 죄를 생각이 나는 대로 짓는 것이며 그들이 알고 있는 대로 평가하고 병을 고쳐 주면 귀신의 힘으로 고친다 하며 로마의 속국에서 벗어나는 왕이 오셔 나라를 되찾는 줄 알고 잠시 따르다가 하늘나라 아버지, 하나님의 아들로 왔으며 모든 것을 다시 돌리는 말씀에는 관심이 없고 오직 자기들 아래로 취급하고 거부하심을 알고 결국 그 분을 죽이고 싶도록 미워함으로 악으로 치달아 율법도 무시한 채 악한 감정으로 십자가에 매달아 죽인 것이다.

여기 그 내용을 한번 보기로 하자.

마 12

"오 독사의 세대여 너희가 악하니 어찌 선한 것을 말할 수 있겠느냐?"

마 23

"너희 서기관들과 바리새인들, 위선자들아 너희에게 화가 있을 지어다!"

"너희 눈먼 자들아 너희가 하루살이는 걸러 내고 낙타는 삼키는도다. 잔과 대접의 겉은 깨끗하게 하되 그 속은 강탈과 과도함으로 가득하게 하는도다. 속을 깨끗하게 하면 겉도 깨끗하게 되리라."

마 23:33

"뱀들아 독사의 세대야 어찌 너희가 지옥의 정죄를 피하겠느냐?"

"너희는 내게서 마귀와 그의 천사들을 위해 예비한 영존하는 불에 들어가라."

요 2

"이 성전을 헐라. 사흘 안에 내가 그것을 세우리라. 유대인들이 이르되 이 성전 짓는 데 46년이 걸렸는데 네가 그것을 사흘 안에 세우겠느냐? 하더라. 그러나 그 분께서는 성전인 자기 몸을 가리켜 말씀 하셨더라."

그 분께서 부활하신 후에 그 제자들이 이 말씀을 기억하고 성경 기록과 하신 말씀을 믿었더라. 우리도 역시 그 분의 부활 기록을 본 후에 알게 되는 것이 있는 것이다. 우리가 추측하는 것이 아니고 다른 영향을 받는 것이다. 그러므로 부활의 복음을 정확히 아는 것이 더욱 중요하다. 예루살렘에 많은 사람이 그분의 기적을 보고 믿었더라(요 2). 지금도 무슨 기적이 일어나면 그것을 보고 믿는 사람이 아직도 있으므로 속고 있는 것이다. 그러나 그분은 자신을 그들에게 맡기지 아니하셨으니 사람에 대하여 아시고 누구의 증언도 받을 필요가 없으셨으니 이는 그 분께서 사람 속에 있던 것을 아셨기 때문이더라.

누 2

"이 아이는 많은 사람을 넘어지게 하고 다시 일어나게 하기 위하여 세워졌으며 또 비방을 받는 표적이 되기 위하여 세워졌나니. 참으로 칼이 네 혼도 찔러 꿰뚫으리라. 이것은 많은 사람의 마음에 생각이 드러나게 하려 함이라."

만일 우리가 그 당시 그분의 말을 들었다면 우리도 똑같은 전철을 유대인처럼 밟았을 것이다. 다만 '저분은 왜 이렇게 말씀하시나.' 하고 들어 보고 죄에 대하여 나의 실체에 대해 예리하게 파헤쳐 사실을 인정하고, 우리는 하나님에 대해 다시 깊게 생각했다면 사실을 인정했을 것이다. 지옥이라는 말씀을 처음 언급함으로 두려움을 느끼고 자세히 그리고 예리하게 관찰해 볼 필요가 있었을 것이다. 이 시점에서 우리는 이방인이다. 그리고 많은 사람이 이미 여러 경로를 통해 기독교라는 교파가 전파되어 현재 많은 신자가 이미 확보되어 있다.

그러나 거의 맹목적이며 추상적인 상태로 천국이라는 방향을 잡고 지옥을 피하기 위한 수단일 뿐이다. 살아 계시는 하나님의 실체를 모르면서 가는 것이 대부분이다.

물론 간단한 것은 아니다. 또한 거짓이 온 세상을 덮어도 분별하기가 쉽지 않다.

성경도 부활하시기 전에 한 말씀과 이후의 말씀을 구분하지 못하고 거듭나지 못한 사람에게 아무나 적용하여 사용하고 지키기를 종용하는 어처구니없는 현실이 많다.

요 1

"다음날 요한이 예수님께서 자기에게 오시는 것을 보고 이르되 보라 세상 죄를 제거하시는 하나님의 어린양을 보라."

"내가 그 분을 알지 못하였으나 나를 보내어 물로 침례를 주라고 하신 바로 그 분께서 내게 이르시되 성령이 내려와 머무는 것을 네가 보거든 그가 곧 성령으로 침례를 주는 분이니라. 이분이 하나님의 아들이니라."

하나는 세상 죄를 제거하는 어린양으로 오시었고 또 하나는 성령의 침례를 주시려 오시었음을 분명히 알아 두어야 한다.

이 부분에서 거의 모든 교회가 복음이라고 하면 죄를 사해 주면서 모든 것이 해결된 것으로 해석하여 영 문제는 당연히 해결된 것으로 해석하여 다른 길을 가게 되는 것이다.

세상 죄를 나 자신도 세상에서 지은 죄라고 생각하므로 착오가 있었다. 정확히는 세상신이 주도하여 이루어진 죄를 말함이다. 앞에서 말한 것처럼 죄의 내용을 아는 자를 용서해 주라는 율법이 있으므로 그것을 모르면 나중에 죄의식이 없고 죄와의 전쟁도 없어 결국 실족하므로 다시 강조하는 것이다.

롬 2
"그런 일들을 행하는 자들에게 하나님의 심판이 진리대로 되는 줄 우리가 확신하노라. 특히 말로 짓는 죄는 너무나 많은 것이다."

약 3
"혀는 불이요 불법의 세계라 온 몸을 더럽히고 본성의 행로에 불을 붙이며 자기도 지옥 불에 놓여 있나니 혀는 아무도 길들이지 못하느니라. 다스릴 수 없는 악이요, 죽이는 독으로 가득한 것이니라."

"그 일을 판단하고도 같은 일을 행하는 사람아, 네가 하나님의 심판을 피할 줄로 생각하느냐? 네 강퍅함과 뉘우치지 아니하는 마음으로 진노의 날에 의로운 심판이 그날에 닥칠 진노를 쌓아 올리는도다."

롬 6

"그 때에 너희가 무슨 열매를 얻었느냐? 그 일들에 끝은 사망이니라."

이미 언급한 것처럼 우리는 죄인으로 태어나 세상신이 이끄는 대로 생각이 떠오르는 대로 우리가 판단하여 유리하며 나 자신을 위해 하나님의 목표와 상관없이 지구상의 관습대로 이미 사탄에게 속아 영적으로 그가 시키는 대로 영적인 음행의 길로 갔으므로 십계명을 다 범해 버렸고 이 세상에서 벌어지는 죄로 이미 완숙되어 있어 불못, 즉 지옥으로 가는 운명은 정해진 것이다. 설사 남보다 선하게 살고 베풀었다 할지라도 그것은 우리 안에서 이룬 선이지 하나님에 의한 것은 아니다. 단 한 번에 죄가 들어 나도 하나님의 나라, 즉 거룩한 나라의 영원히 사는 세계에는 불가능한 것이며 자격이 없는 것이다. 우리가 가 보지 않은 불못은 다시 말하면 사람은 죽은 후 영이 빠져나가 하나님 앞에 심판을 받고 다른 부활된 상태에서 사탄과 함께 세세토록 영원히 불못에서 고통으로 지내는 것이다. 예수님의 부활 후 제자들이 몰라보고 닫힌 문으로 들어오셨으며 생선과 빵을 드신 것으로 알 수가 있다.

모든 사실을 진리대로 가르치신 예수님의 말씀은 이렇다.

막 9

"사람마다 불로 절여질 것이요, 희생물마다 소금으로 절여지며 불도 꺼지지 않느니라."

누 16

"소리를 지르며 내게 긍휼을 베푸소서. 나사로를 보내어 자기 손가락 끝에 물을 찍어 내 혀를 서늘하도록 하소서. 내가 불꽃 가운데서 고통을 받나이다. 우리와 너 사이에는 큰 구렁텅이가 있어 건너가고 올수도 없느니라."

계 20

"또 내가 크고 흰 보좌와 그 위에 앉으신 분을 보니 땅과 하늘 이 그 분의 얼굴을 피하여 물러가고 그것들의 자리가 보이지 아 니하더라. 내가 보매 죽은 자들이 작은 자나 큰 자나 할 것 없이 하나님 앞에 서 있는데 책들이 펴져 있고 또 다른 책들이 펴져 있으니 곧 생명책이라. 죽은 자들이 자기 행위에 따라 책들에 기 록된 것에 근거하여 심판을 받으니 바다가 자기 속에 있던 죽은 자들을 내어 주고 또 사망과 지옥도 자기 속에 있던 죽은 자들을 내어 주매 각각 자기 행위대로 심판을 받고 사망과 지옥도 불못 에 던져지니 이것은 둘째 사망이라 누구든지 생명책에 기록된 곳으로 드러나지 않은 자는 불못에 던져지더라."

마 4

"누구든지 까닭 없이 자기 형제에게 화를 내는 자는 심판 위 험에 처하게 되고 자기 형제에게 라가라 하고 말 하는 자는 공회 에 처하게 되거니와 너 어리석은 자여 하고 말하는 자는 지옥 불 의 위험에 처하게 되리라."

"네가 네 대적과 함께 길에 있을 동안에 속히 그와 합의하라.

진실로 내가 네게 이르노니 네가 마지막 한 푼을 갚기 전에는 결코 거기서 나오지 못하리라.”

아주 적은 한 푼(0.0000001)의 죄라도 죄가 있다면 거기서 나오지 못한다는 것을 여기서 살아 있는 동안 해결하라는 것이다. 그렇다면 우리는 죄만 해결하면 되느냐 하면 그렇지 않다.

누 11

“부정한 영이 사람에게서 나와 마른 곳을 두루 다니다며 쉴 곳을 구하나 전혀 찾지 못하고 이르되 내가 내 집 곧 내가 나온 곳으로 돌아가리라 하고 가서 보니 그 집이 청소되고 꾸며져 있으므로 더 사악한 다른 영 일곱을 데리고 들어가 거기 거하매 그 사람의 나중 형편이 처음보다 더 나쁘게 되느니라.”

실로 그동안 많은 구원론을 주장하는 사람을 만났으나 돌아서는 사람을 보기 힘들었다. 그들은 이미 이상이 없다고 생각하므로 회개하기가 어려웠으며 복음에 큰 차이를 못 느끼는 것은 이미 천국에 들어와 있으며 간절히 바라는 소망이 없어 무심히 들어 지나쳐 버림으로 실패를 하는 것이다.

그리고 실지로 어느 이발소의 소장이 다른 귀신이 들어 그를 몹시 힘들게 하매 죄 사함, 복음을 듣고 잠시 살아졌으나 그 후 다시 괴롭게 함으로 더욱 힘들어하는 사례가 있었다.

죄 사함은 죄를 정결하게 하는 것이다(희 1, 요 11).

그리고 우리는 죽음이라는 두려운 공포가 남아 있다. 태어나서 육으로 살다 그것으로 끝이라면 허무하며 하나님의 계획하고는 다른 것이다. 바로 영원히 살 수 있는 것이 필요하다. 하나님은 영원한 생명의 영을 가지고 계시므로 신으로 영원히 사시는 것이다. 죄만 해결되면 되는 것이 아니다. 그분의 영을 받아야 함께 사는 것이다. 또한 우리에게 통치권을 주시며 다스릴 성(도시)이 있다는 것이다.

고전 6
"우리가 천사들을 판단할 것을 너희가 알지 못하느냐?"

계 5
"또 우리가 하나님을 위해 우리를 왕과 제사장으로 삼으셨으니 우리가 땅에서 통치하리라."

누 11
"너희 중에 누가 아들이 빵을 구하는데 그에게 돌을 주겠느냐? 생선을 구하는데 뱀을 주겠느냐? 알을 구하는데 전갈을 주겠느냐? 너희가 악할지라도 좋은 선물을 줄줄 알거든 하물며 하늘에 계신 너희 아버지께서 자기에게 구하는 자들에게 성령을 얼마나 더 많이 주시겠느냐 하시니라. 물은 생수, 즉 그분 자신을 말하는 영이신 것이라."

요 4
"하나님의 선물을 알고 마실 물을 내게 주라 하는 이가 누구인줄 알았더라면 그에게 구하였을 것이요, 그가 네게 생수를 주었으리라. 내가 줄 물은 그 사람 속에서 솟아나는 우물이 되어 영존하는 생명에 이르게 하리라."

결국 구하지 않으면 주지 않으시는 것이다. 우물쭈물하다가는 지나가 버리시는 것이다. 말씀 그대로이다. 사람들은 이 말씀의 기록이 하나님을 대하듯 실감이 나지를 않는 모양이다. 그러나 현실에서 실제 역사가 일어남은 하나님이 책임지시며 아직도 동일하게 일하시는 것이다. 그러므로 더욱 조심하게 대하여야 할 것이다. 다시 예수님의 말씀을 들어 보자.

막 8

"누구든지 나를 따라 오려거든 자기를 부인하고 자기 십자가를 지고 나를 따를지니라."

누구든지 자기 생명을 구원하려 하는 자는 그것을 잃되 나와 복음으로 인해 자기 생명을 잃으려 하는 자는 그것을 구원하리라. 나와 내 말을 부끄러워하면 인자도 아버지의 영광 중에 거룩한 천사들과 함께 올 때에 그를 부끄러워(ashamed)하리라."

그렇다. 망설이고 머뭇거리고 결정을 하지 못하는 순간이 오면 주님은 피하여 버리는 것이다.

마 7

"구하라, 찾으라, 두드리라. 그러면 주실 것이, 찾을 것이요, 열릴 것이니라."

"멸망으로 인도하는 문은 넓고 그 길이 넓어 거기로 들어가는 자가 많고 생명으로 인도하는 문은 좁아 그것을 찾는 자가 적으니라."

문제는 자기를 상대적으로 좁은 문으로 가고 있다고 생각하는 자가 많은 것이다. 성경 기록을 보아야 할 것을 다른 종파나 다른 종교로 비교하는 것이다. 설마설마하며 자기가 너무나 쉬운 길에 들어선 것을 모르는 것이며 지식이나 경륜으로 상대적으로 판단하는 어처구니가 없는 현실이다. 하는 수 없이 구하지 않는 자는 스스로의 선택이므로 어찌할 수가 없다.

누구든지 나를 따라오려거든 그럼 주님이 앞에 가니 뒤따라 오라는 것이고,

자기를 부인하고는 자기의 모든 그동안의 존재를 인정하지 말고,

자기 십자가를 지고 십자가는 사형 언도를 받은 자로서 사형 집행을 하러 가는 존재이다.

자기 생명을 잃으려 죽어야 한다는 것이다.

그럼 현재의 삶에서 더 이상 원하지 말아야 한다는 것이다. 복음으로 나오는 말씀을 따라 그 대로 시행을 해야 한다는 것이다. 여기서 주저하거나 머뭇거림을 부끄러워한다는 표현으로 망설이면 부적격이라는 것이다. 이 문제에 직면하게 되면 망설이지 않을 수 없다. 더 이상의 삶을 유지한다고 한들 다른 변화는 없이 그저 시간만 갈 뿐이며 병들고 늙어 희미한 삶이 기다리고 있다. 새로운 세계로 갈 준비를 내딛는 것이다. 먼저 출발한 자는 그만한 보상이 기다리고 영원한 삶을 누리게 되는 순간의 결정이다. 그것은 좁은 문이며 낙타가 바늘구멍으로 들어가겠는가? 주님은 우리에게 에덴동산에서처럼 다시 한번 선택을 요구하시며 이 방법이 최선이므로 주께 모든 것을 맡기고 따라 주님과 동행을 하는 것이다.

막 10

"야고보와 요한이 선생님이여 우리가 무엇을 원하든지 우리를 위해 그것을 해 주시기를 원 하옵나이다 하매 무엇을 해주기를 원하느냐? 선생님의 영광 가운데서 우리가 하나는 선생님의 오른편에 하나는 선생님에 왼편에 앉게 허락 하옵소서 하거늘 너희가 구하는 것을 알지 못하는도다. 내가 마시는 잔을 마시고 내가 침례받는 그 침례로 침례를 받으려니와 내 오른편과 내 왼편에 앉는 것은 내가 줄 것이 아니니라. 다만 아버지께서 누구를 위해 그것을 예비하셨든지 그들이 그것을 받을 것이니라. 인자는 섬김을 받으러 오지 아니하고 도리어 섬기며 자기 생명을 많은 사람의 대속물로 주려고 왔느니라."

여기서 우리가 알 것은 예수님을 직접 따라다닌 제자들이 예수님의 말씀을 듣고 모두 인정하고 아멘을 하면 나중에 영광의 왕국에 들어가 자리 차지를 하고 싶어 하는 것은 당연하였으리라 생각된다. 지금도 교회를 다니며 모든 주님의 말씀에 순종하고 신앙생활을 하면서 하늘나라의 영광을 생각하지 않는 사람은 없을 것이다. 예수님은 아니라는 것이다. 다음 순서가 또 있다는 말씀이다. 자신이 받을 하나님의 진노의 잔을 마시고 그분이 받아야 할 침례를 받자는 것이다. 이것으로 교회에 다니고 죄 사함을 받고 천국을 가는 소망으로 기다린다면 이 말씀과 상반되는 것이다. 속임수(마술)에 넘어가면 안 되는 것이다. 많은 학자나 교수의 강의에 속지 마라. 그리고 유명 목사의 책을 보지 말라고 강력하게 권고한다. 절대 성경은 배워서 공부하여 완성하는 것이 아니다. 보인다고 남까지 가르친 사람 말고 안 보인다는 사람은 주님이 눈을 열어 각자에게 직접 가르칠 때까지 기다리면 누구나 다 보인다.

(마가의 다락방)

주님은 모든 믿는다는 대표인으로 이스라엘 사람들에게 아니라는 지적을 하므로 적대시하며 미움으로 가득 차 있었다. 미움은 치닫는 살인으로 흥분하는 것이다. 특히 신앙적인 것은 지금도 살벌하기가 같은 수준이다.

평범한 사람에게는 아량을 베풀지라도 신앙적 적대감은 결국 사탄과 그리스도의 전쟁이다.

이미 극도로 악에 받친 이스라엘(유대인)은 예수님을 잡아 죽이기로 하고 먼저 종교 단체의 수장들이 시작했다.

주님은 마가의 다락방으로 마지막 만찬을 준비하셨다. 그 유명한 최후의 만찬인 것이다.

유월절은 유대인의 대속하는 절기이며 안식일 전이다.

막 14

"예수님께서 빵을 집으사 축복을 하시고 그것을 떼어 그들에게 주시며 이르시되 받아서 먹으라. 이것은 내 몸이니라 하시고 또 잔을 집으사 감사를 드리시고 그들에게 주시니 그들이 다 그것을 마시매 이것은 많은 사람을 위하여 흘린 나의 피 곧 세상 속 언약의 피니라."

빵은 몸을 위한 식량이나, 하늘의 축복의 빵은 다른 것이다.

그 빵은 아버지 하나님이 인정하시고 축복으로 된 빵으로 제자들에게 나누어 주시며 자신의 몸이라는 말씀은 자신의 몸을 먹음으로 인해 한 몸으로 된다는 것이다. 그리고 포도즙의 잔으로 감사를 드림은 그 포도즙으로 감사드릴 내용이 있으므로 감사를 드린 것이다. 피로써 대신하는 내용은 상속을 언약으로 하신 데 대해서 그 피가 보증한다는 것이다. 상속이란 자신이 가지고 있는 것을 주신다는 것이다. 성경 내용에 좋은 것이란? 성령, 즉 그분만 갖고 있는 하나님의 영, 그리스도의 영, 성령인 것이며 그 영이 내 안에 들어오고 내 안에 사탄의 영이 나가야만 내가 살아나는 것이다. 나는 창세기 4장에 언급한, 마음의 문만 열면 죄가 엎드려 있다가 일어나는 것이며 나는 그 감옥에서 나올 수가 없는 것이 나의 운명이다.

요 17

"때가 이르렀으니 아버지의 아들을 영화롭게 하사 아버지의 아들도 아버지를 영화롭게 하도록 하옵소서. 아버지께서 모든 육체를 다스리는 권능을 주셨사오니 이것은 아버지께서 그에게 주신 모든 자들에게 그가 영원한 생명을 주게 하려 하심이다. 영생은 이것이니 곧 그들이 아버지께서 보내신 자 예수 그리스도를 아는 것이다. 그들은 아버지의 말씀을 지켰나이다. 나는 아버지께서 내게 주신 말씀을 그들에게 주었사오며 그들은 그것을 받고 내가 아버지께로부터 나온 줄을 확실히 아오며 또 아버지께서 나를 보내신 줄도 믿었나이다. 내가 세상을 위해 기도하지 아니하고 내게 주신 자들을 위해 기도하오니 그들은 아버지의 것이다. 우리와 같이 그들도 하나가 되게 하옵소서. 내가 이 사람들만을 위해 기도하지 아니하고 그들의 말들로 인하여 나를 믿을 자들도 위해 기도하오니 이것은 그들이 다 하나가 되게 하려 함이니이다. 내가 그들 안에 있고 아버지께서 내 안에 계시나니 이것은 그들이 하나 안에서 완전해지게 하려 함이며 그들도 사랑하신 것을 세상이 알게 하려 함이니이다."

누 22

"그분께서 고뇌에 차서 더욱 간절히 기도하시니 그분의 땀이 큰 핏방울같이 되어 땅에 떨어지더라."

이 주님의 기도는 아주 간절한 마지막 기도이다. 그 내용을 요약하면,

1. 모든 육체를 다스리는 권능이란 우리 모두와 관련이 있다는 것.

2. 영원한 생명을 주신다는 것.

3. 그리스도를 아는 것. 그 내용이 정확하게 나와 무슨 관련이 있어야 하는 것.

4. 말씀을 인정하고 그대로 받아들여 사실로 적용하는 것.

5. 이 모든 것은 아버지 하나님으로부터 나왔다는 것.

6. 이후 제자들을 통해서 기록된 성경을 통해 예수님을 믿는다는 것.

7. 하나로 만들어, 즉 영이 분여되어 하나가 된다는 것.

8. 결국은 완전해져야 한다는 것. 완성을 해달라는 것, 즉 성장해야 한다는 것이다.

결국은 참으로 사랑하는 것은 바로 이것이라는 것이다.

요 11

"나는 부활이요 생명이니 나를 믿는 자는 죽어도 살겠고 누구든지 살아서 믿는 자는 결코 죽지 아니하리라. 이것을 네가 믿느냐?"

여기에서 믿음이란 동행된 상태를 말하는 것이다. 다시 말하면 믿는다면 따라오라는 것이다.

마 26

"예수님께서 이 말씀을 마치고 자기 제자들에게 이르시되 너희가 아는 대로 이틀이 지나면 유월절이며 사람의 아들이 배반을 당해 십자가에 못 박히리라 하시더라. 그 때에 제사장들과 서기관들과 백성에 장로들이 가야바라 하는 대제사장의 관저에 함께 모여 예수님을 교묘히 붙잡아 죽이려고 상의하였으나 말하기를 백성 가운데 소동이 있을까 염려되니 명절에는 하지 말자 하더라."

"너희가 시험에 빠지지 않게 깨어 기도하라. 참으로 영은 원하데 육이 약하도다 하시고 내 아버지요, 만일 내가 마시지 않고서는 이 잔이 내게서 지나갈 수 없거든 아버지의 뜻이 이루어지기를 원하나이다 하시고 그들에게 이르시되 이제는 자고 쉬라. 그 시각이 가까이 왔으니 사람의 아들이 배반을 당해 죄인들의 손에 넘겨졌느니라."

"일어나라. 우리가 함께 가자. 보라. 나를 배반하여 넘겨주는 자가 가까이 왔느니라.”

여기에서 주의하여 보라! 우리는 이 순간에 시험에 빠질 수 있다. 주님이 함께 십자가에 가서 나 자신을 죽이자는 것이다. 영은 원하지만 실제 몸이 마음 안에서 망설임이 있다면 주의하여야 한다. 다시 기도하여 믿음의 고백을 하며 용기를 내야 한다. 예수님도 우리와 같이 육체가 있으시므로 이 고난의 잔을 지나갈 수 없다면 아버지의 뜻대로 이루어지기를 바라는 것이다.

그러면 이 모든 사건이 아버지의 계획이라는 것이다. 사람들에게 미움을 받고 잡혀 죽음을 당할 것을 알고 계신 것이다. 그러나 그분에게는 아무리 찾아도 죄가 없으나 죄를 만드는 것이 다음 사항이다.

마 26

“이제 수제사장들과 장로들과 온 공회가 예수님을 죽이려고 그 분을 대적할 거짓 증인을 구하되 아무도 찾지 못 하였더라, 끝으로 두 명에 거짓 증인이 와서 이르되 이자가 말하기를 내가 하나님의 성전을 사흘 만에 지을 수 있다 하더라.”

“예수님께서 내가 너희에게 이르노니 이제부터 인자가 권능에 오른편에 앉아 있는 것과 하늘의 구름들 가운데서 오는 것을 너희가 보리라 하시더라. 이에 대제사장이 자기 옷을 찢으며 이르되 그가 신성 모독하는 말을 하였으니 우리에게 더 증인이 필요 하리요 너희 생각에는 어떠하냐 하니 그들이 이르기를 그는 죽을죄를 지었나이다 하고 그분의 얼굴에 침을 뱉으며 그분을 주먹으로 치고 다른 자들은 손바닥으로 치며 너 그리스도야 우리에게 대언하라 너를 친자가 누구냐 하더라."

마 27

"그분을 배반하고 유대인에게 넘긴 유다가 그분께서 정죄 받으신 것을 보고 뜻을 돌이켜 은 서른 개를 수제사장들과 장로들에게 도로 가져다주며 내가 무죄한 피를 배반하여 넘기고 죄를 지었노라, 하니 그것이 우리와 무슨 상관이 있느냐 네가 그것을 상관하라, 하거늘 유다가 그 은 들을 성전에 내 던지고 떠나가서 스스로 목을 메니라."

"예수님께서 총독 앞에 서시니 그분께 물어 이르되 네가 유대인들에 왕이냐"

"빌라도(당시 로마의 총독)가 그들이 너를 대적 하려고 얼마나 많은 것을 증언 하는지 네가 듣지 못 하느냐? 하되 그분께서는 한 말씀도 대답 하지 아니 하시니라.이에 총독이 심히 이상히 여기더라. 명절이 되면 백성이 원하는 대로 죄수 하나를 그들에게 놓아 주곤 하였드라 빌라도가 이르되 너희는 내가 누구를 놓아 주기를 원하느냐 하니 바라바냐 그리스도라 하는 예수냐 이는 그들이 시기로 인해 그분을 넘겨준 줄을 그가 알았기 때문이더라."

"그의 아내가 그에게 사람을 보내어 이르되 당신은 그 의로운 사람과 아무 상관도 하지 마소서 꿈에 내가 그 사람으로 인해 많은 일로 시달렸나이다 하더라. 빌라도가 그리스도라 하는 예수를 내가 어떻게 하랴 하니 그들이 다 그를 십자가에 못 박으소서 하매 총독이 어찌된 일이냐 그가 무슨 악한 일을 하였느냐 하거늘 그들이 더욱 소리를 지르며 그를 십자가에 못 박으소서 하더라.

빌라도가 자기가 아무것도 이기지 못 하고 도리어 폭동이 일어나려는 것을 보고 물을 가져다가 무리 앞에서 손을 씻으며 이르되 나는 이 의로운 사람의 피에 대하여 무죄 하니 너희가 그것과 상관 하라 하매 이에 온 백성이 응답하여 이르되 그의 피가 우리와 우리 자손에게 돌아오리다 하니라. 이에 빌라도가 바라바는 놓아 주고 예수님은 채찍질하고 십자가에 못 박게 넘겨 주니라."

＊ 여기서 우리가 주목해야 할 것은 예수님을 사람 속에 있는 세상 영이 죄를 찾아내려고 애를 써도 죄가 없음을 확인해야 한다. 단지 미움과 시기로 사람을 십자가에 죽이도록 외치며 자기들과 후손들에게까지 돌리는 악함을 보이는 것이다. 그리하여 그들은 그 후 육백만 명이라는 인명이 학살당하며 전 세계로 뿔뿔이 흩어져 나라 없는 설움으로 살아가며 온갖 질병과 허기를 달래며 쫓겨 다니는 수모로 살아가는 역사에 처하게 되었다.

누 22
"진실로 사람에 아들은 정해진 대로 가거니와 그를 배반하여 넘겨주는 그 사람에게도 화가 있으리라."

"내가 너희에게 이르노니 기록된바, 그가 범죄자들 가운데서 계수되었도다. 한 이 말씀이 반드시 내 안에서 이루어져야 하리라. 나의 관한 일들은 끝이 있느니라."

누 23
"그들이 갈보리라 하는 곳에 이르러 거기서 그 분을 못 박고 그 범죄자들도 그렇게 하나는 오른편에 하나는 왼편에 있더라. 그때에 예수님께서 이르시되 아버지여 저들을 용서 하여 주옵소서 저들은 자기들이 하는 일을 알지 못 하나이다. 하시더라. 그들이 그분의 옷을 나누어 제비를 뽑고 백성은 서서 지켜보는데 치리자들도 함께 그분을 비웃으며 이르되 그가 남들은 구원 하였으되 만일 그가 하나님께서 택하신 자 곧 그리스도이면 자기도 구원할 것이라 하더라."

여기서 만일 그분이 스스로 천군천사를 사용하여 십자가에서 내려오시면 하나님의 우리를 위한 구원은 허사로 돌아가는 비밀이 있으며 사탄은 내려오시기를 바랐을 것이다.

누 23

"매달린 범죄자 중 하나는 그분을 욕 하며 이르되, 네가 만일 그리스도이거든 네 자신과 우리를 구원 하라'하되 다른 하나는 되받아서 그를 꾸짖어 이르되 네가 동일한 정죄를 받고서도 하나님을 두려워하지 아니 하느냐 우리는 우리가 행한 일에 합당한 보응을 받으니 참으로 공정하게 정죄를 받거니와 이 분은 아무 잘못도 행하지 아니 하였느니라 하고"

"예수님께 이르되 주여 주께서 주의 왕국으로 들어오실 때에 나를 기억 하옵소서, 하매 예수님께서 그에게 이르시되 내가 네게 이르노니 ,오늘 네가 나와 함께 낙원에 이르리라 하시니라."

다시 여기서 많은 사람이 이 장면을 보고 죽기 전이라도 믿으면 천국에 간다고 속이는 어처구니가 없는 소리를 하고 있다. 첫째는 이 사람이 예수님과 함께 죽음을 택했으며 정죄란 바르게 내린 죄의 항목을 말한다. 그 내용이 동일한 것이라는 뜻이다. 앞에 말한 바, 죄를 같은 방법으로 지어 마땅히 죽는 것이 합당하다는 것이다. 우리도 이 강도와 같은 것이다. 그 사실을 정확히 아는 자는 예수님과 함께 십자가로 가는 것이다.

그때가 여섯 시쯤이며 어둠이 아홉 시까지 온 땅을 덮더라. 또 해가 어두워지고 성전의 휘장이 한가운데가 찢어지더라. 예수님께서 큰 소리로 외치시고 이르시되 "아버지여 내 영을 아버지의 손에 맡기나이다." 하시고 이렇게 말씀하신 뒤에 숨을 거두시니라.

요 19

"그러므로 예수님께서 식초를 받으시고 이르시되 다 이루었다 하시고 머리를 숙여 숨을 거두시니라

군사들 가운데 하나가 창으로 그분에 옆구리를 찌르니 즉시로 거기서 피와 물이 나오더라."

시 22

"나는 벌레요 사람이 아니오니 사람들에 비방거리요 백성에 멸시거리이다. 나를 보는 모든자들이 나를 비웃으며 입술을 내밀고 머리를 흔들며 말하기를 주가 자기를 건지실줄 로 그가 신뢰 하였도다 그분께서 그를 기뻐하셨으니 그를 건지시리로다 하였나이다."

"나는 물같이 쏟아졌고 내 모든 뼈는 어그러졌으며 내 심장은 밀초같이 되어 내장 한가운데서 녹았나이다. 내 힘이 질그릇 조각같이 마르고 내 혀가 내 턱에 붙나이다. 주께서 또 나를 사망

에 티끌 속에 두셨나니 개들이 나를 에워싸고 사악한자들이 내 손과 발을 찌렀나이다.”

“내가 내 모든 뼈를 셀 수 있나이다. 그들이 나를 쳐다보고 노려보며 자기들끼리 내 새 옷들을 나누고 내 겉옷을 놓고 제비를 뽑나이다. 오주여 주는 나를 멀리 하지 마옵소서오 오! 나의 힘이시오 속히 나를 도우소서.”

다시 여기서 시편에 미리 기록된 대로 그대로 이루어짐은 참으로 하나님은 미리 기록하시고 이 성경 그대로 이루어 시행하였나이다. 아멘.

누 23

“그것을 구경하러 함께 모인 모든 사람들도 일어난 그 일들을 보고 가슴을 치고 돌아가고 그 분을 아는 모든 자들과 갈릴리에서부터 그분을 따라온 여자들도 멀리서서 이일들을 보니라.”

다시 여기서 우리는 많은 신자가 십자가를 성경을 통해서 보았다는 것에 대해 어떻게 바라보고 있을까? 여기 두 가지 형태의 사람들이 있는데 하나는 가슴을 치며 예수님의 십자가에 슬피 울며 돌아가고 다른 하나는 멀리서 보고 돌아갔는데 죄 없이 많은 사람에게 온 정을 베푸시고 병도 고쳐 주신 예수님을 보면서 얼마나 가슴이 아파했을까. 또한 다른 무리는 갈릴리에서부터 따라온 무리는 예수님 가슴 안에 자기도 못이 박혀 있는 것을 보았을 것이다.

북받치는 감정으로 표현한 십자가의 예수님은 시간이 지나면 희미해진다. 그러나 못 박힌 사람은 어떤 표현보다는 그분과 함께 이어질 다음이 두려웠을 것이다.

죄가 없는 분을 죄인의 숫자에 같이 넣었다는 것은 아버지 하나님이 그렇게 하신 것이다. 그러나 죄인으로 판결을 기다린 사탄은 결국 이 세상에서도 무죄가 되었으므로 억지로 그분을 사형시킨 것은 공의로는 불법인 것이다.

누 23

"요셉이라 하는 사람이 빌라도에게 가서 예수님의 몸을 달라 간청하여 그 몸을 아마포로 싸고 아직 사람을 둔 적이 없는 돌무덤에 그것을 두니 그날은 예비일이요 안식일이 다가오더라. 갈릴리에서부터 그분과 함께 온 여자들도 뒤를 따라가서 향품과 기름을 예비한 뒤에 명령에 따라 안식일에 안식하더라."

결국 그분께서 안식일에 땅에 묻히시고, 그럼 이제 왜 안식일을 그분이 지키라 하신 줄 알겠는가? 그분과 함께 안식일에 묻혔을 것이고 그분과 함께 운명을 같이하는 것이다.

요 20

"주의 첫날 일찍 아직 어두울 때에 마리아 막달라가 돌무덤에 와서 돌이 그 돌무덤에서 옮겨진 것을 보고 제자들에게 알리매 몸을 구부려 안을 들여다보니 그분의 머리 주변에 있던 수건은 아마포와 함께 놓이지 않고 함께 개인 채 한 곳에 따로 놓여 있더라. 그제야 돌무덤에 먼저 왔던 다른 제자들도 들어가 보고 믿으니, 이는 그들이 그가 반드시 죽은 자들로부터 다시 일어나야 하리라 하신 성경기록을 알지 못 하였기 때문이더라."

"여드레가 지나서 그분에 제자들이 다시 안에 있을 때에 문들이 닫혔는데 예수님께서 오셔서 이르시되 너희에게 평강이 있을지어다 하시고."

마 28

"안식일이 끝나고 주의 첫날이 밝아 오기 시작할 때에 보라! 큰 지진이 나니 주의 천사가 하늘에서 내려와 입구에서 돌을 뒤로 굴려 내고 그 위에 앉았더라. 그의 용모는 번개와 같고 그의 옷은 눈과 같이 희거늘 지키던 자들이 그를 두려워하여 떨며 죽은 사람같이 되었더라. 너희는 두려워 말고 그분은 갈릴리로 가시나니 너희가 그분을 거기서 보리라."

"그 여자들이 제자들에게 말하러 갈 때에 예수님께서 그들을 만나 이르시되 두려워하지 말고 내 형제들에게 갈릴리로 가라고 말하라 거기서 그들이 나를 보리라."

"그 후 열 한 제자가 갈릴리에서 예수님께서 정해준 산에 들어가 그분을 보고 경배하나 의심 하는 자들도 있더라. 하늘과 땅에 있는 모든 권능이 내게 주어 졌느니라. 너희는 가서 모든 민족들을 가르치고 아버지와 아들과 성령의 이름으로 침례를 주고 내가 명령한 모든 것을 지키게 하라"보라! 내가 세상의 끝까지 항상 너희와 함께 있으리라."

다시 살아나셨는데 나와 무슨 상관이 있을까? 그리고 왜 다시 갈릴리로 가라 하셨을까?

물론 하나님이 부활을 하게 하셨다. 먼저 그분은 다른 사람들과 같이 죄인으로 처형을 받아 지옥으로 갈 수 없는 분이며 정당한 판결이 아니며 그분을 다시 살려야만 그분 안에 있는 영을 우리에게 분여할 수 있는 것이다. 시작을 갈릴리에서 하셨으며 그것을 다시 갈릴리에서 시작하여 지켜야 할 명령을 그분과 함께 완성하여야 하기 때문이다.

그럼 어떻게 우리에게 생명을 주시는지 알아보자.

먼저 죄 사함의 제사로 염소와 송아지로 드리던 제사를 자기 피로 단 한 번 거룩한 곳에 들어가사 우리를 위하여 영원한 구속을 얻으셨느니라(희 9). 황소와 염소의 피와 암송아지의 재를 뿌려 육체를 거룩히 구별하고 정결하게 하거든 하물며 영원하신 성령을 통해 점 없이 하나님께 드린 그리스도의 피가 죽은 행위로부터 양심을 얼마나 더 많이 깨끗하게 하여 살아계신 하나님을 섬기게 하겠느냐? 그러므로 하늘에 모형(그동안의 제사 형태)들도 깨끗하게 할 필요가 있었으나 하늘의 것 그 자체는 이런 것들보다 더 나은 희생물로 하여야 할지니라.

그리스도께서 손으로 만든 모형의 안으로 들어가지 아니하시고 하늘 그 자체 안으로 들어가사 이제 우리를 위해 나타나시니라. 이제 대 제사장이 해마다 피를 가지고 거룩한 곳에 들어가는 것 같이 드려야 할 필요가 없으니 이제 세상 끝에 그분께서 단 한 번 나타나사 자신을 희생물로 드려 죄를 제거하셨느니라.

그동안 죄를 위한 제사로 흠이 없는 동물로 드린 제사는 일종의 모형이었던 것이다.

성전의 지성소에 들어간 피는 이제 예수님에 성령을 통해 이루신 흠이 전혀 없고 죄가 전혀 없는 몸으로 모형의 성전을 하늘 성전(하나님이 계신 곳)으로 자신을 희생물로 드림으로써 완전한 제사이며 하늘로 들어가심으로 더 이상 지상에서 드리는 제사는 끝이 나고 단 한 번으로 더 이상은 필요치 않은 것이다. 예수님이 끝까지 죄를 안 지으신 것을 기억하라.

피를 온 땅으로 흘리심은 우리 모두를 위한 제사인 것이며 성령을 통해 이루신 그분 자체의 희생물을 하늘에서 만족하신 것이다.

여기서 특히 주의할 점은 단 한 번의 제사로 영원히 속죄를 이루심을 통해 앞으로 짓는 죄도 용서하신다는 교리를 용납하면 안 된다. 실족하여 멸망으로 다시 가는 길도 있으므로 멸망이 없다는 종파에 절대로 속으면 안 된다.

행 2

"그리스도의 부활에 관하여 말하기를 그의 혼이 지옥에 남겨지지 아니하고 그의 육체도 썩음을 보지 아니하였노라. 그러므로 그분께서 하나님의 오른손에 의해 높여지시고 아버지로부터 성령님을 약속으로 받으셨으므로 너희가 보고 듣는 이것을 부어 주셨느니라."

지난 복음의 기록을 보면 예수님은 다리를 꺾지 않으셨으며 피와 물이 온몸에서 빠져나와 가죽만 남아 마르신 상태이며 절대로 죄를 짓지 않으시려고 빌라도의 채찍 앞에서도 험한 말도 없으시며 이 모두 일어난 사건은 기록된 대로 이루시는 아버지의 뜻이므로 묵묵히 이 피의 제사를 치르신 것이다. 예수님 안에 내가 감추어져 있음을 명심하라.

나는 예수님과 동행하고 있으니 주님이 삼 일 동안 무덤에 묻힘으로써 나 역시 죽음으로 처리된 것이다. 그럼 사탄은 내가 살아 있는 동안만 주관하였으므로 죽은 후에는 하나님의 손에 남아 있는 것이다. 예수님은 공의의 하나님 재판으로도 사형은 불가함으로 그분은 다시 살리시는 것은 누구에게도 이의를 제기할 수 없는 것이다. 그분이 다시 부활하실 때 나 역시 새로운 몸이라 주인이 없으므로 새로운 하나님의 영을 상속할 수 있는 것이다. 그러나 그분은 머리로, 나는 그분의 각 지체로 활동하는 새로운 피조물인 것이다. 이것을 교회라 칭하고 그분의 신부라고 칭한다.

그분이 축복하신 빵과 포도즙을 피와 살로 인정해 주신 것은 하나님의 권능으로 아무도 항의할 수 없는 사항이다. 우리 역시 먹지도 않은 열매를 대표로 먹은 아담의 후손에게 사탄이 주인으로 자리했으므로 역시 예수님이 대표로 부활하신 것이다. 이로써 첫 번째 아담은 사망으로 이끈 것이고 두 번째 아담이신 예수님은 생명의 아담이라 할 수 있다.

고전 15

"사망이 사람을 통해 임한 것 같이 죽은 자들의 부활도 사람을 통해 임하였나니 아담 안에서 모든 사람이 죽은 것 같이 그리스도 안에서 모든 사람이 살게 되리라."

"본성에 속한 몸으로 뿌려지고 영에 속한 몸으로 일으켜 지나니 본성에 속한 몸이 있고 영에

속한 몸이 있느니라. 그러므로 기록된바, 첫 사람 아담은 살아 있는 혼이 되었더라 함과 같이 마지막 아담은 살려 주는 영이 되셨느니라."

롬 6

"예수 그리스도 안으로 침례를 받은 우리가 다 그분의 죽음 안으로 침례를 받은 줄 너희가 알지 못하느냐. 그러므로 우리가 죽음 안으로 침례를 받아 그분과 함께 묻혔나니 이것은 그리스도께서 아버지의 영광을 힘입어 죽은 자들로부터 일으켜 세워진 것 같이 우리도 생명에 새로움 속에서 걷게 하려 함이라. 만일 우리가 그분의 죽음과 같은 모양으로 함께 심겼으면 또한 그분의 부활과 같은 모양으로 되리라."

"죽은 자는 죄로부터 해방되었느니라."

골 2

"또한 그분 안에서 그리스도의 할례로 말미암아 육신의 죄들에 속한 몸을 벗어 버림으로 손으로 하지 않은 할례로 할례를 받았느니라."

그동안 가려진 막을 벗어 버림으로 마음 안에 할례가 이루어진 것이다.

그러나 우리가 잊지 못할 것은 우리가 받아야 할 벌을 그분이 대신 받아 하나님이 우리를 사랑하사 우리를 치면 모조리 죽을 것이고 그냥 두자니 모조리 사망이며 그리하여 예수님을 보내시어 그분을 치신 것이다. 자신이 만들어 영원히 같이 살고 싶으시며 우리 각자를 일대일로 대하신 것이다.

사 53

"그(예수님)가 그분(하나님) 앞에서 연한 초목같이 마른 땅에서 나온 뿌리같이 자랄 터이니 그에게는 모양도 없고 우아함도 없으며 우리가 볼 때에 그를 흠모할 만한 아름다움이 없도다. 그는 사람들에게 멸시를 당하고 거부되었으며 슬픔의 사람이요 고통을 잘 아는 자라. 우리는 그를 피하려는 것 같이 우리의 얼굴을 감추었으며 그는 멸시를 당하였고 우리는 그를 귀히 여기지 아니 하였도다.”

“참으로 그는 우리의 고통을 짊어지고 우리의 슬픔을 담당하였거늘 우리는 그가 매를 맞고 하나님께 맞아 고난을 당한다고 생각하였노라.”

“그러나 그(예수님)는 우리의 범죄들로 인해 부상을 당하고 우리의 불법들로 인해 상하였노라. 그가 징벌을 받음으로 우리가 화평을 누리고 그가 채찍에 맞음으로 우리가 고침을 받았도다.”

“우리는 다 양 같아서 길을 잃고 각각 자기 길로 갔거늘 주께서는 우리 모두의 불법을 그에게 담당시키셨도다. 그가 학대를 당하고 고난을 당하였어도 자기 입을 열지 아니하였으며 도살장으로 향하는 어린양 같이 끌려가 털 깎는 자 앞에서 잠잠한 양같이 자기 입을 열지 아니하는도다. 그는 감옥에도 가지 못하고 공정한 재판도 받지 못하였으니 누가 그의 세대를 밝히 드러내리요? 그는 산자들의 땅에서 끊어졌으며 내 백성의 범죄로 인하여 매를 맞았도다.”

“그가 사악한 자들과 더불어 자기 무덤을 만들었으며 죽어서는 부자와 함께 하였으니 이는 그가 폭력을 행사 하지 아니하였고 그의 입에 속임수가 없었기 때문이라.”

"그러나 주께서 그를 상하게 하는 것을 기뻐하사 고통을 두셨은 즉 주께서 그의 혼을 죄로 인한 헌물로 삼으실 때에 그가 자기 씨를 보고 자기 날들을 길게 하며 또 주의 기뻐하시는 일이 그의 손에서 번영하리이다. 그가 많은 사람들의 죄를 담당 하며 범죄자들을 위하여 중보하였느니라."

이사야 53장은 많은 교회에서 죄 사함의 복음으로 사용되는 구절이며 미리 예수님 오시기 전 이미 예언되었던 기록의 말씀이다. 기록된 대로 이미 정해 놓으신 하나님은 예수님을 우리를 위해 죄의 대가로 처리하여 죽게 하시고 자기 씨를 번영케 하시기로 정하신 것이다. 여기에서 씨는 그분의 영을 말하는 것이다.

딤전 5

"그분은 모든 사람이 구원을 받고 진리를 아는데 이르기를 원하느니라. 한 하나님이 계시고 하나님과 사람들 사이에 한 중재자가 계시니 곧 예수그리스도이시니라."

엡 2

"또한 그분께서 범법과 죄들 가운데서 죽었던 너희를 살리셨도다. 지나간 때에는 너희가 이 세상에 행로를 따라 걸으며 공중 권세 잡은 통치자를 따랐으니 곧 지금 불순종의 자녀들 가운데서 활동하는 영이라."

"지나간 때에는 우리도 다 그들 가운데서 우리 육신에 욕심 안에서 생활하며 육신과 생각에 욕망을 이루어 다른 사람들과 같이 본래 진노의 자녀들이었으나 우리가 죄들 가운데서 죽었을 때에 우리를 그리스도와 함께 살리셨고 너희가 은혜로 구원을 받았느니라.”

“또 함께 일으켜 세우사 그리스도 예수님 안에서 우리를 하늘에 처소들에 함께 앉히셨으니 이것은 그분께서 그리스도 예수님을 통해 우리에게 베푸신 친절 속에 담긴 자신에 은혜에 지극히 풍성함을 다가오는 시대들 속에서 보여 주려 하심이라. 너희가 믿음을 통해 은혜로 구원을 받았나니 그것은 자신에게서 난 것이 아니요. 하나님에 선물이라. 행위에서 난 것이 아니니 이것은 아무도 자라하지 못하게 하려 함이라.”

“우리는 그분의 작품이요 그리스도 예수님 안에서 선한 행위를 하도록 창조된 자들이니 하나님께서 선한 행위를 하도록 미리 정하신 것은 우리가 그 행위 가운데서 걷게 하려 하심이니라.”

“그러므로 기억하라 너희는 지나간 때에는 육체로는 이방인이요 무할례자이며 그리스도 밖에 있었던 이스라엘 연방 국가 밖에 있었던 외인들이며 약속의 언약들에서 분리된 낯선 자요 세상에 소망도 없고 하나님 밖에 있던 자들이 더니 그분을 통해 우리 둘이 한 성령을 힘입어 아버지께로 나아감을 얻나니 더 이상 낯선 자도 아니요 외국인도 아니요 오직 성도들과 더불어 하나님의 집안에 속한 자니라. 예수 그리스도께서 친히 으뜸 모퉁이돌이 되시나니 그분 안에서 모든 건물이 꼭 맞게 함께 뼈대를 이루어 주 안에서 거룩한 전으로 자라가고 성령을 통해 하나님의 거처로 함께 세워져 있느니라.”

여기서 주의할 점은 ‘믿음으로’라는 말을 사실을 그대로 받아들여 인정한다는 것과 그로 인해 그분과 동행을 하는 것을 말하는 것이 믿음이다. 그리고 그분이 나와 동행을 한 것을 하나님이 인정했으며 나에게 주신 선물은 각자가 그대로 감사와 은혜로 즉시 받아서 고이 마음에 간직하는 것이다. 자기 것을 우물쭈물하며 망설임은 그분의 큰 은혜를 망각하고 얼마나 많은 역사와 준비로 나를 살리려 하셨는지 깨닫고 감사로 그분께 영광을 돌려야 하고 주신 은혜를 감사와 찬양으로 드려야지 그 하나님도 만족하심과 보람으로 흡족하시며 사탄의 머리를 치심과 하나님 나라를 세우시는 일원으로 출발하는 것이다. 즉, 다시 말하면 죄 사함과 성령을 우리 안에 오심으로 다 이루진 것이다. 이제는 죄로 두려움과 거룩한 영이 없어 영원히 살 수 없는 불안과 죽음이라는 육체를 벗어나 새로운 피조물로 다시 사는 희망으로 죽음의 공포를 벗어난 것이다.

희 2

"다만 예수님을 보노니 그분께서 죽음의 고난을 당하시려고 천사들보다 조금 낮게 되셨다가 영광과 존귀로 관을 쓰신 것은 하나님의 은혜로 말미암아 모든 사람을 위해 죽음을 맛보려 하심이라."

자신을 위해 모든 것을 존재하게 하시며 또 자신으로 말미암아 모든 것을 존재하게 하시는 그분께서 많은 아들을 영광으로 데려가게 하시는 일에서 그들의 구원에 대장을 고난들을 통해 완전하게 하심이 합당하도다. 거룩히 구별하시는 분과 거룩히 구별된 자들이 다 하나에서 낳으니 이러한 까닭에 그분께서 그들을 형제라 부르시기를 주저하지 아니하고 이르시되 내가 주의 이름을 형제들에게 밝히 보이고 교회 한가운데서 노래로 주를 찬양하리라 하시며 또다시 내가 그분을 신뢰하리라. 또다시 나와 하나님께서 내게 주신 자녀들을 보라 하시느니라.

그런즉 자녀들은 살과 피에 함께 참여한 자들이므로 그분도 마찬가지로 같은 것에 일부를 취하셨으니 이것은 그분께서 죽음을 통해 죽음에 권능을 가진 자 곧 마귀를 멸하시고 또 죽음을 두려워하여 평생토록 속박에 얽매인 자들을 건져 내려 하심이라.

롬 8

"이 일들에 대하여 우리가 무슨 말을 하리요 만일 하나님께서 우리를 위하시면 누가 우리를 대적하리요 또한 자신의 아들을 아끼지 아니하시고 우리 모두를 위해 그분을 내주신 분께서 어찌 그 아들과 함께 모든 것을 우리에게 값없이 주지 아니하시겠느냐."

"누가 무슨 일로 하나님께서 선택하신 자들을 고소하리요? 의롭다 하시는 분은 하나님이시니 누가 정죄하리요. 죽으신 분은 그리스도요 참으로 다시 일어나신 분도 그리스도니 그분께서는 하나님 오른편에 계시며 또한 우리를 위해 중보 하시느니라. 누가 우리를 그리스도의 사랑에서 떼어 놓으리요 내가 확신하노니 다른 어떤 것도 우리를 하나님의 사랑에서 떼어 놓지 못 하리라."

사탄이나 다른 어떤 피조물이 보기를 우리가 그리스도의 품 속에 있었고 그분이 죽으시고 그분이 살아나셨으니 이런 그리스도의 신비가 우리를 살리셨다.

롬 5

"한 사람의 범죄로 말미암아 사망이 한 사람을 통해 군림하였을진대 은혜와 의의 선물을 넘치게 받은 자들은 한 사람 예수 그리스도를 통하여 더욱더 생명 안에서 군림하리라."

"그러므로 한 사람의 범죄로 말미암아 심판이 모든 사람에게 임하여 정죄에 이른 것 같이 한 사람에 의로 말미암아 거저 주시는 선물이 모든 사람에게 임하여 생명에 칭에 이르렀나니 한 사람의 불순종으로 말미암아 많은 사람이 죄인이 된 것 같이 한 사람의 순종으로 말미암아 많은 사람이 의로운 자(의인)가 되리라."

"이것은 죄가 군림하여 사망에 이르게 한 것 같이 은혜도 의를 통해 군림하여 예수 그리스도 우리 주로 말미암아 영원한 생명에 이르게 하려 함이라."

우리는 의로운 자이면서 의로운 자가 되어야 하며 영원한 생명을 소유하였으며 그 소유한 성령을 통하여 생명에 이르도록 해야 되는 것이다.

요 20

"그 뒤 같은 날 곧 주의 첫날 저녁때에 제자들이 유대인들을 두려워하여 모인 곳에 문을 닫았더니 예수님께서 오셔서 한가운데 서서 그들에게 이르시되 너희에게 평강이 있을 지어다 말씀하시고 두 손과 옆구리를 보이시니 그제야 제자들이 그를 보고 반가워하더라. 그분께서 이렇게 말씀하시되 그들 위에 숨을 내쉬며 그들에게 이르시되 너희는 성령을 받아라."

누 24

"모세와 모든 대언자들의 글에서 시작하여 모든 성경 기록들에서 자기에 관한 것들을 그들에게 풀어 설명해 주시니라."

"그들이 서로 이르되 그분께서 길에서 우리와 말씀하시고 우리에게 성경 기록들을 열어 주실 때에 우리 속에서 마음이 뜨겁지 아니 하더냐. 그때에 그들에 지각을 여사 그들이 성경 기록들을 깨닫게 하시며 보라. 내가 내 아버지의 약속하신 것을 너희에게 보내려니와 너희는 높은 곳으로부터 오는 권능을 입을 때까지 예루살렘시에 머물라 하시니라."

막 16

"그분께서 그들에게 이르시되 너희는 온 세상에 가서 모든 피조물에게 복음을 선포하라. 믿고 침례를 받는 자는 구원을 받으려니와 믿지 않는 자는 정죄를 받으리라."

"믿는 자들에게는 이런 표적들이 따르리니 곧 내 이름으로 그들이 마귀들을 내쫓으며 새 언어들로 말하며 뱀들을 집어 올리며 어떤 치명적인 것을 마실지라도 해를 받지 아니하며 병든 사람들에게 안수한즉 그들이 나으리라 하시더라. 이렇게 말씀 하신 뒤에 하늘로 올려져서 영접을 받으시고 하나님 오른편에 앉으시니라."

부활하시고 제자들에게 성령을 받으라고 하시며 예루살렘에 머물러 기다리라 하시고 성경을 풀어 가르치고 보여 주심은 우리도 같은 것이다. 성경은 그분이 우리에게 계실 때 풀어 가르치는 것이다. 유대인들은 오랜 학자들이라 이미 성경을 알고 있다

할지라도 결국 주님이 내게 오셔야 성경이 보임은 주님이 가르치기 때문이다. 지금도 마귀를 내쫓고 뱀을 정확히 집어 올려야 함은 당연한 것이다. '안수'라고 함은 손을 머리에 대고 영을 전하는 것이다. 물론 제자들에게 허락한 부분도 있지만 영적인 병을 고침은 영이 전달되는 복음으로 나음을 입는 것이다. 모든 사람이 통용되는 그리스도인의 언어도 다른 것이다. 믿고 침례를 받는 자는, 다시 말하지만 믿음이란 그분과 동행을 하므로 발생되는 것을 말하고 침례란 십자가의 침례를 말한다. 여기서 구원이란 도저히 가망이 없던 우리의 운명이 바뀌는 구원을 말하는 것이다. 또한 마음이 뜨겁다는 표현은 해석을 문자에서 그대로 받은 것으로 실상은 활발한 활동을 말한다.

행 2

"갑자기 하늘로부터 급하고 강한 바람 소리 같은 소리가 나고 그들이 앉아 있던 온 집안에 가득하며 또 불의 혀 같이 갈라진 것들이 그들에게 나타나 그들 각 사람 위에 앉더니 그들이 다 성령님으로 충만하여 성령님께서 그들에게 말하게 하시는 대로 다른 언어들로 말하기를 시작하니라. 그들이 각각 그들의 나라말로 하나님에 놀라운 일들을 말함을 우리가 듣는도다."

"하나님께서 말씀하시기를 마지막 날들에 내가 내 영을 모든 육체 위에 부어 주리니 그들이 대언을 하리라. 하나님께서 그분을 사망에 고통에서 풀어 일으켜 세우셨나니 사망이 그분을 붙들 수 없었기 때문이라. 다윗이 그분에 관하여 말하되 내가 항상 내 얼굴 앞에 계신 주를 미리 보았나니 그분께서 내 오른편에 계시므로 내가 흔들리지 아니하리로다. 이러므로 내 마음이 기뻐하고 내 혀도 즐거워하였으며 더욱이 내 육체도 소망 중에 안식하리니 누구든지 주의 이름을 부르는 자는 구원을 받으리라 하였느니라."

성령이 임하는 순간의 표현함을 착각하면 안 된다. 먼저 불의 혀같이 예민하고 정확함이 각 사람에게, 지금은 성경의 기록이 온 세상에 퍼지므로 그 당시와 같이 성경 완성이 안 된 시기가 아니다. 복음이 끝나고 그분을 부르면 위기에서 구원이 이루어진다. 그 방법은 미리 주를 대하는 것이다.

요 14

"내 명령들을 가지고 지키는 자가 나를 사랑하는 자니 나를 사랑하는 자는 내 아버지에게 사랑을 받을 것이요. 나도 그를 사랑하여 그에게 나를 나타내리라. 유다가 그분께 이르시되 주여, 어찌하여 주께서 우리에게는 자신을 나타내시고 세상에게는 아니하려 하시나이까 하매 나를 사랑하는 자는 내 말을 지키리니 내 아버지께서 그를 사랑하실 것이요 우리가 가서 우리의 거처가 그와 함께 있게 하리라. 위로자 곧 아버지께서 내 이름으로 보내실 성령님, 그분께서 너희에게 모든 것을 가르치시고 내가 무엇을 말하였든지 너희가 그 모든 것을 기억하게 하시리라. 내가 너희에게 평안을 남기노니 세상이 주는 것과 달리 내가 너희에게 주노니 너희는 마음에 근심 하지도 말고 두려워하지도 말라."

(그 사람은 많은 열매를 맺나니 나 없이는 너희가 아무것도 할 수 없느니라.)

자! 명령은 아무나 지키려 하면 되는데 지키면 주님을 사랑하는 것이라는 말은 지킬 수가 없으므로 주님의 인도와 지킴으로 주님을 사랑하게 되는 것이다. 또한, 말씀을 들은 자나 읽은 자도 성령의 가르침으로 그 말을 이해한다는 것이다. 여기에서 온 세상이 갈라지는 것이다. 이해되는 대로 종교적 파가 생기며 서로 자기들이 옳다고 세상에서는 분별이 없으므로 분파가 생기는 것이다. 여기서 평안이란 세상에서 요구되고 만족되는 평안함이 아니다. 그 평안은 근심되고 두려움이 동반되는 속에서 이루어지는 것이다. 온 세상에서 스스로 만족하며 누가 보아도 거룩하며 진실하고 착하고 선한 그런 것이 아니기 때문이다. 그것을 세상은 비난하지 않는 것이다. 그것은 세상의 기준으로 이루어진 것이기 때문이다.

주님이 요구하는 근본은 그분의 명령과 법도와 법규를 지키며 다른 신을 따르지 않는 것이다.

이것은 구약에서 신약까지 예수님도 말씀하신 것이다. 마음과 혼을 다하여 주, 네 하나님을 사랑하라는 즉 성령이신 주님이 내 안에서 내가 먼저 그분께 묻고 다음을 따르라는 것이다. 그것은 모든 것을 해결하는 것이다.

(그럼 성령이 오신 후에는 무엇이 달라질까?)

* 먼저 죄를 물리치는 순간을 주님께 고함으로 죄에서 해방되

는 것을 알게 된다.

죄를 해결함으로 주님과의 소통이 시작된다. 죄를 지적해 주심으로 내가 무엇을 실수했는지를 알려 주신다. 즉, 훈련이 시작된다. 이 훈련은 나를 더욱 하나님의 사람으로 흠이 없도록 경륜을 쌓아 주신다.

＊성경 전체를 구석구석 보여 주신다. 이것은 하나님의 계획과 뜻을 알게 되어 주님을 아는 데서 더 자라게 해 주신다. 따라서 누구와도 비교가 안 되는 성경의 지식이 충만하게 된다.

＊마음이 넓은 공간으로 인간의 가치가 없는 삶을 이해하며 긍정으로 받아 주어 밝은 얼굴로 달라진다. 이 부분은 시편에 다윗이 말한 바와 똑같은 체험을 하게 된다.

＊영적인 세계를 알아 말이나 대화로 금방 상대의 영적인 상태를 알게 되어 그 사람이 사탄에게 속해 있는지를 알 수 있다. 사탄을 싫어하여 몸서리치도록 거부하게 된다.

＊점점 자신이 남들과 다르다는 것을 알게 되어 이 세상과 맞지 않는 것을 알게 된다.

＊더럽거나 어두운 곳을 피하게 된다. 이로써 환경이 달라진다.

＊세상에서 가치관이 달라지며 지키는 날짜나 풍습이 관심에서 멀어진다.

＊좁은 공간이나 차 안이나 나 혼자 있을 때 주님이 많은 것을 연차적으로 가르쳐 주신다.

＊그리고 주의할 점은 세상의 현실에서 당하는 수가 많으므로 주의하여야 한다.

＊성경의 잘못된 해석을 발견하며 매우 놀라게 된다.

＊ 전도는 구하는 자가 아니면 절대 불가능하다.

＊ 양심이 밝아져 처음에는 힘들어하나 곧 익숙해진다.

＊ 주님이 일찍 오심을 자신의 상태를 알므로 오히려 천천히 오시기를 바란다.

＊ 시편이 보이므로 이 시가 신앙생활 자체임을 알게 되어 분류하여 보이므로 더욱 감사가 넘친다. 구약의 내용으로 무엇이 실패인지를 깨달아 더욱 바로 선다.

＊ 완성으로 가는 자신을 알게 되어 주님의 인도에 감사드리며 이어지는 깨달음이 있어 자신을 하늘나라 사람으로 변화시키는 하나님의 단련을 알게 된다.

마지막으로 아주 간단히 정리하자면 죄나 먼저 떠올리는 생각에서 동시에 바로 말이나 행위나 판단으로 가는 삶은 사탄이 주는 지시이며 십자가에 나 자신을 주님과 함께 죽기를 원하여 세상을 포기해야 하며 주님이 살아나실 때 그 속에서 함께 살아남으로 그분의 영을 받을 수 있었던 것, 즉 부활의 복음인 것이다. 죄의 불법이나 범죄를 알고 확실히 회개하지 않으면 안 되며 자신의 생명을 버림을 잊지 말아야 한다.

다음 기회에 더욱더 알찬 교제를 하길 원하므로 여기서 줄이기로 합니다. 그동안 이 책을 통해 진리를 알게 되어 같은 길을 갈 수 있도록 허락해 주신 하나님 아버지께 감사와 찬양을 드립니다. 아멘.

하나님의 실체

1판 1쇄 발행 2021년 7월 26일

지은이 오춘식

펴낸곳 하움출판사
펴낸이 문현광

주소 전라북도 군산시 수송로 315 하움출판사
이메일 haum1000@naver.com   **홈페이지** haum.kr

ISBN 979-11-6440-802-3

좋은 책을 만들겠습니다.
하움출판사는 독자 여러분의 의견에 항상 귀 기울이고 있습니다.